AF493537

ABEL DUCONDUT.

LA

RÉPUBLIQUE

D'UN

PAYSAN

IDÉES SUBVERSIVES ET AUTRES

PREMIÈRE PARTIE.

Qu'est l'individu ? — Rien.
Que doit-il être ? — Tout.

PACTE SOCIAL

ORGANISATION DU PAYS

POUVOIR CENTRAL

AVANT-PROPOS

Ami lecteur,

Tu as le droit de me demander qui je suis pour me permettre un avis en pareille matière: — mon titre te le dit, un paysan, (je n'ai pas dit un rural), non pas habitant Paris onze mois de l'année et son château le douzième; — non: — un paysan pour de bon, un peu du Danube, vivant sur son bien douze mois de l'an et le cultivant à ses risques et périls, dans une commune de deux cents électeurs, à cent cinquante lieues de la capitale, aujourd'hui comme au bon vieux temps, taillable et corvéable, je puis même ajouter taillé et corvéé à merci.

C'est te dire que comme fond tu ne trouveras ici ni la science profonde ni les hautes conceptions historico-philosophico-politiques; — Tu devras te contenter du simple bon sens; permets-moi de te faire remarquer que c'est bien quelque chose, par le temps et le pays où nous vivons, le dit bon sens étant, (pardon de la liberté grande), ce qui nous manque le plus en notre beau pays de France.

Pour la forme, j'aime à croire que tu ne sera pas non plus trop exigeant: — le style, le beau parler étant, comme bien tu penses, chose absolument inconnue en la commune de Paulhiac d'Agenois, où sur deux cents électeurs nous sommes en tout deux ayant fait notre quatrième; — des autres, une dizaine environ savent signer et lire l'écriture, mais c'est bien juste: — Etre simple, clair, compréhensible pour tous, ne pas trop souvent parler patois, c'est là tout ce que je me suis permis de chercher, tout ce qu'on est en droit de me demander.

Que si tu veux savoir, ceci posé, d'où me vient l'audace extrême d'écrire sur de semblables choses, la réponse est bien simple: — Ce n'est pasma faute, mais depuis vingt ans je vois les destinées de la France entre les mains d'honnêtes gens comme . . . . , d'hommes intelligents comme le barde . . . . , pour n'en citer qu'un; — depuis deux ans que nous avons tout changé, j'ai vu apparaître les . . . . chargés de réorganiser la France; tu m'avoueras, lecteur, qu'il est difficile de n'être pas encouragé.

M'estimant beaucoup plus honnête que le sire R. . . . , aussi intelligent au moins des conditions de la société moderne que le sire de L. . . . , je ne vois pas pourquoi je n'aurais pas le droit de dire ce que je pense, ce que je voudrais à mes mandataires.

J'en ai le droit, ai-je dit: — hélas! pourquoi faut il ajouter, le devoir! — C'est chose triste à dire, mais incontestable malheureusement, en notre pays de France qui marche en tête de tous les peuples grâce à quelques fous que Dieu bénisse, rien n'est plus rare qu'un homme politique ayant fait des études politiques sérieuses; — de ceux qui nous représentent et demandent à nous représenter, et ceci est vrai dans tous les partis, il en est soixante sur cent qui n'ont jamais réfléchi sur les questions d'organisation et de Gouvernement ; — n'ont jamais même, pour profiter du moins des réflexions et de l'expérience d'autrui, lu et médité les débats de la grande constituante, Montesquieu, Tocqueville, Proud'hon, — qui, ayant quarante, cinquante, soixante ans, à cette question : Quelle constitution nous donnerez-vous? répondent qu'ils verront. réfléchiront, une fois à la chambre. — S'emparer des quelques mots qui formulent les décisions définitivement acquises à l'esprit public sur quelques points : — Démocratie, instruction obligatoire, gratuite, laïque, broder là dessus plus ou moins longuement quelques phrases bien senties, c'est là tout le bagage nécessaire pour faire un législateur, — que dis-je, pour faire un constituant; — Sauf les phrases, — et les trois quarts de nos élus, une fois à Paris rengaineront leur éloquence d'arrondissement pour voter sans phrases, — sauf les phrases donc, le dernier de nos bouviers sait tout cela, et voterait aussi bien.

Chercher, analyser dans leur essence et la part d'influence qu'ils doivent avoir légitimement les deux principes d'autorité et de liberté; — comprendre que monarchie et République ne sont pas seulement des mots qui signifient une simple modification dans le jeu d'un rouage, mais deux systèmes où tout se tient du petit au grand et doit différer en tous les points, où peut s'en faut; — Se demander si gouverner avec un roi et un système républicain est possible, si, ce que nous sommes en train d'essayer, avoir à la fois une république et un système monarchique n'est pas chose absurde : — savoir, grâce à l'histoire, que le fond, le système entraîne toujours la forme; — tout cela est ridicule aux yeux de beaucoup de nos hommes politiques jeunes et vieux, du passé, du présent et de l'avenir : — Ceux qui ont souci de ces problèmes, qui croient que les choses humaines obéissent à des forces cachées dans la profondeur des choses ; que ce sont ces forces qu'il faut étudier et apprendre à manier, et non les phénomènes apparents, simples effets de ces causes, manifestations de ces forces, — ceux-là sont des rêveurs,des utopistes, des abstracteurs de quintessence;—on en sourit dédaigneusement et on s'attribue à soi-même, par opposition, le nom d'*homme pratique ;* sans même se douter que ce mot seul est tout une condamnation, étant, s'il ne suppose une théorie préalable, synonime de *manœuvre.*

Le plus triste en ceci, c'est que la France paie toujours les violons;—une première fois, en 1848, les hommes pratiques ont étranglé la République avec la constitution absurde qu'ils lui ont donnée : — Il n'est pas difficile de prévoir qu'avant six mois, la République de 1870 aura à son tour au cou le nœud coulant d'une chambre unique, avec une bonne centralisation monarchique ramenant tout à un simple bout de corde, de facon à faciliter sa besogne au premier prince qui parviendra à la saisir et à serrer le nœud, aidé en ceci et approuvé par le pays entier ennuyé, effrayé, non sans raison, des conflits sérieux et violents qui se seront nécessairement produits au sein de l'assemblée et envenimés à l'extrême, faute d'issue, de soupape de sureté si je puis ainsi dire : — résultat dont nos républicains d'aujourd'hui seront alors aussi étonnés, aussi marris, que l'ont été au 2 décembre ceux de 1848 ; — mais que la France expiera de nouveau par vingt ans de monarchie au bout de laquelle Dieu veuille que nous ne trouvions pas, cette fois encore, une invasion et ses suites. —

Les choses étant ainsi, c'est un devoir impérieux, pour quiconque croit avoir une vérité à dire, de la crier le plus haut qu'il lui est possible sans nul souci de ce qu'en peuvent penser tels ou tels : — Il y a d'ailleurs pour constituer au dernier des électeurs son droit à ce faire, une raison majeure que je te recommande, ami lecteur, de méditer souvent et sérieusement; avertissement que je voudrais voir graver en lettres d'or sur la porte de toutes les mairies, des préfectures, des minisières, etc, partout où se discutent et se décident les choses d'intérêt public :

Civis Romanus, res tua agitur.

Lavergne, Septembre 1872.

P. S. — Ceux de messieurs les journalistes qui feraient à cette brochure l'honneur de la discuter sont priés de de faire parvenir leurs articles à l'adresse ci-dessous, un campagnard n'ayant à sa disposition ni café ni cercle où il puisse lire tous les journaux.

Lavergne, commune de Paulhiac. — Par Monflanquin, Lot-et-Garonne.

I.

I.

Par cela seul que tu lis un livre parlant de choses politiques, tu n'es, lecteur, ni un ignorant, ni un sot, ni même un de ces indifférents à la chose publique qui sont la pire plaie de notre temps et de notre pays : tu es, et j'aime à croire que c'est dans toute la force du terme, un citoyen, c'est-à-dire un électeur bien décidé à connaître la marche des affaires, à intervenir au moins par tes votes, partout et toujours, autant qu'il sera en toi, dans la direction que suit cet admirable pays de France, si supérieurement doué que tous les gouvernements auxquels il a été en proie depuis deux cents ans semblent avoir en vain pris à tâche de le ruiner, de l'anéantir. — Aucun ne l'a encore pu mettre si bas qu'il ne se soit toujours relevé en quelques mois : — et certes aujourd'hui nous pouvons être rassurés sinon sur les vicissitudes qui lui sont réservées, du moins sur son existence : — un pays qui a résisté à Louis XIV, à Napoléon 1er et à Napoléon III : — un pays qui dans un siècle et demi a subi dix révolutions, deux émigrations en masse, des guerres civiles et des proscriptions sans nombre, quatre invasions formidables, un pays qui, à deux ans d'une catastrophe sans exemple dans l'histoire, peut, même pendant qu'il est encore livré aux bêtes en la personne des Prussiens et de l'assemblée de Versailles, supporter la comparaison avec les nations les plus florissantes de l'Europe, demander trois milliards de crédit et en trouver quarante deux, — ce pays là peut se croire le premier du monde; tu as le droit, lecteur, de t'enorgueillir de ton titre de citoyen Français.

Etant donc admis que tu es de ceux qui savent ce qui signifie ce mot, un citoyen, et que tu es décidé à l'être, voici, à peu de chose près, ce qui t'est arrivé.

Vers dix-huit ans tu es sorti du Lycée, bachelier, c'est-à-dire avec une légère teinture de choses qui te sont parfaitement inutiles, telles que vers latins, et thème grec; complètement ignorant des choses qu'il t'importerait le plus de savoir, tes droits et tes devoirs par exemple, l'organisation de la France, des principes d'économie politique et sociale, etc, en revanche, aussi infatué que possible de la science universelle que te supposait le programme de l'examen que tu as subi et que par conséquent tu croyais posséder; — en tout cas, grâce à l'intelligence qui caractérise toutes les choses dont le gouvernement se mêle en France, tu avais été pour ce maigre total définitif surmené, harassé, fourbu, grâce au travail répugnant et excessif que tu venais de subir. — Aussi, d'accord sur ce point avec tous tes camarades, dont beaucoup malheureusement tiennent parole, tu as juré, en secouant la poussière de tes souliers sur le seuil du Lycée que tu ne travaillerais plus, ta vie durant, que le moins possible: — Envoyé à Paris pour y terminer une éducation si bien commencée, tu as d'abord jeté tes gourmes pour te rattrapper de tes neuf ans de bagne ; — Un an, deux ans durant, tu t'es laissé emporter sur cette mer houleuse des passions jeunes, si belle que les plus dures tempêtes en restent douces au souvenir.

Si tu avais été prédestiné par la nature, ou amené par une éducation absurde à rester un sot, après ce laps de temps, un peu reposé des travaux forcés du Lycée, poussé d'ailleurs par la sollicitude paternelle, tu te serais contenté comme la plupart de tes camarades de travailler juste le nécessaire pour passer tes examens tant bien que mal et obtenir ton diplôme de licencié en droit ou de docteur en médecine, sans même jeter un coup d'œil sur tout autre ordre d'idées; — après quoi tu serais rentré au bercail convaincu que tu es un aigle, en réalité condamné, ta vie durant, à n'être qu'un âne bâté, bâté d'un diplôme, je le veux bien, mais bâté cependant, non-seulement inutile au pays, mais nuisible, ton métier à part.

Mais tu n'étais pas un sot: — après deux ou trois ans d'éruption volcanique, tout en piochant ton droit ou ta médecine, en allant à ton bureau ou ailleurs, tu n'as pu t'empêcher de regarder ce qui se passait autour de toi, dans l'art comme dans la politique, dans la science comme dans les religions: — il t'est souvent monté aux lèvres, d'abord inconsciemment, puis volontairement l'admirable formule du poète latin:

Homo sum et humani nihil a me alienum puto.

« Je suis homme, et rien de ce qui intéresse l'humanité ne m'est indifférent. »

En un mot, tu as senti, avec étonnement d'abord, quelque chose remuer au fond de toi-même, tu as constaté, non sans orgueil, que ce quelque chose, c'était un homme, un citoyen, un être intelligent et conscient, qui, non content d'être quelque chose, de vivre, de sentir et de jouir comme la brute, voulait être quelqu'un, savoir, vouloir et agir.

Ce jour-là tu as jeté un coup d'œil sur le monde; — tu as vu tous les peuples gravir péniblement la raide montée du progrès, tu as vu notre belle et bien-aimée patrie toujours en avant malgré ses empereurs et ses rois, tenant la torche qui éclaire le chemin aux autres nations, mais, en revanche, la plus haletante, la plus meurtrie, la plus sanglante de toutes. — Tu as compris que cette marche prodigieuse à travers les âges est due aux efforts incessants de quelques milliers de citoyens énergiques qui, du haut en bas de l'échelle sociale, les uns obscurs, les autres en pleine lumière, marquent, chacun dans sa sphère, la route à suivre, les yeux toujours fixés sur le même idéal du vrai, du beau, du bien; sans vouloir se soucier de la boue infecte et venimeuse qui grouille autour d'eux, sans daigner même regarder les abîmes qui se creusent sous leurs pieds, honnis, le plus souvent, conspués, assassinés parfois par la foule aveugle et stupide pour laquelle ils travaillent, mais qui, après les avoir maudits et torturés, n'en suit pas moins, inconsciente, la voie lumineuse que leur dévouement a ouverte, que leur sacrifice a sanctifiée.

Donc tu t'es dit: simple citoyen, conseiller municipal de ma petite commune, où député appelé à donner les lois au peuple entier, quel que soit le degré de l'échelle politique et sociale où me placeront ma valeur personnelle et les circonstances, moi aussi, pour ma part, si minime soit-elle, je consacrerai tout ce qu'il y aura en moi d'intelligence et de dévouement à faire avancer d'une ligne la France et par elle l'humanité dans la voie du progrès.

Alors tu as voulu apprendre l'histoire de ton

pays : pour chercher ce que l'avenir lui réserve, tu as voulu savoir son passé ;—le mieux était de suivre les mémorables luttes parlementaires d'où sont, depuis quatre-vingts ans, sorties nos lois, où brillent parfois comme des éclairs d'éloquentes protestations contre celles de ces lois qui étaient et sont encore en contradiction avec nos mœurs, nos volontés, nos droits.

Du premier empire ne disons rien ; c'était l'idéal du gouvernement..... pour les gouvernants, s'entend : — quant aux gouvernés, mandants et mandataires, électeurs et députés, tout était muet : — qu'ils fussent contents, j'en doute, mais ils ne se plaignaient pas, et pour cause.

Dès 1814 le colloque s'engage devant le pays entre les députés et les ministres, entre administrés et administrateurs : à partir de ce moment, dominant le bruit des discussions, une note tenace, incessante, agaçante au suprême degré par sa répétition continuelle sous tous les gouvernements a dû, malgré toi, s'emparer de ton oreille et de ton esprit.

Qu'un libéral, (sous la restauration c'était beaucoup que d'être libéral.) qu'un libéral donc se permette la moindre critique d'un détail quelconque d'une administration quelconque, le ministre compétent monte à la tribune, et pâle, irrité, indigné même, la lèvre tremblante et les bras levés vers le ciel qu'il semble prendre à témoin, il laisse, en l'assaisonnant plus ou moins longuement selon son talent et les circonstances, tomber sur la tête de l'audacieux la phrase sacramentelle:

« *Cette administration merveilleuse qui fait l'admiration du monde civilisé !!!* »

Ou bien:

« *Cette admirable administration que le monde entier nous envie !!!* »

Ou tout autre variante.

Immédiatement, tonnerre d'applaudissements des trois ou quatre cents imbéciles ou coquins, vendus, ventrus, satisfaits, officiels que le pays a envoyés là pour surveiller les faits et les gestes des administrateurs: — Anéantissement du libéral, et, c'est là le pire, le lendemain, ce million de niais qui s'appelle aujourd'hui *monsieur Prudhomme*, en parcourant le compte-rendu de la séance sent à la lecture de la phrase miraculeuse un frisson d'orgueil le chatouiller de la tête aux pieds: — il applaudit lui aussi avec enthousiasme et montre le poing au critique foudroyé en disant, dans son for intérieur : Gredin de libéral, ou gredin de républicain, ou gredin de radical, selon l'époque; car ce refrain odieusement insolent, tu l'as lu dans les débats de la restauration, et dans ceux du règne de Louis-Philippe, tu l'as entendu sous l'empire, et, pour peu que le cœur t'en dise, tu peux aller t'en régaler à Versailles: — administrations, abus, critiques, défense, rien n'a changé et rien ne change, c'est toujours la même comédie, et le Cassandre battu, bafoué et content au fond est toujours le même; c'est toi, lecteur, ne te déplaise, et moi, il est vrai, — mais moi du moins non sans protester. — Et toi, lecteur, et toi cependant, un jour, quand cette phrase magique t'a frappé pour la centième fois, tu as posé ton journal sur la table, appuyé ton coude droit dans ta main gauche, ton menton sur ta main droite, et là, palpitant d'un ineffable orgueil, couvant d'un œil filial la carte de France suspendue au mur de ton cabinet tu t'es dit:

« Certes, ce beau et noble pays, avec les ressources prodigieuses qu'il doit à sa position continentale et maritime, avec son peuple si vif et si intelligent, son sol si riche et si varié, — certes, après avoir été gouverné, administré, critiqué depuis soixante-dix ans, par des hommes ayant nom Napoléon 1er; Royer-Collard, Benjamin Constant, Foy, Guizot, Thiers etc..

« Certes le beau pays de France doit-être en effet admirablement organisé. »

Et tu as voulu étudier cette organisation.

II.

Etudier l'administration, cette pieuvre formidable qui du fond de l'antre obscur où elle est tapie, lance tour à tour sur les pauvres diables d'administrés sans défense ses douze ou quinze bras armés de ventouses et de suçoirs, ce n'est pas aussi facile qu'on pourrait le supposer pour qui n'habite pas un grand centre. — Aucun livre, que je connaisse du moins, ne renferme réunies les trente pages nécessaires pour exposer le mécanisme des seize ou dix-huit administrations auxquelles nous sommes en proie. — Il faut s'informer, prendre des notes, et quand on arrive à une vue d'ensemble on recule effrayé: deux expressions peuvent rendre l'impression ressentie :

Tohu-bohu; — Capharnaüm.

En effet, voici le coup d'œil; j'habite le département de Lot-et-Garonne, qu'il me serve d'exemple :

Administration politique: — 89 (1) Départements (Algérie non comprise): chacun constitue une individualité propre; chacun aboutit directement

(1) Y compris l'Alsace et la Lorraine que je compte très-volontairement.

au gouvernement central ; c'est le cercle avec un centre et des rayons.

Administration judiciaire : — 28 ressorts judiciaires : — si l'on a trouvé que 89 divisions ce fut un morcellement ; — .. soit.... encore qu'une unité de plan soit préférable ;

Le Lot-et-Garonne forme avec *le Gers* et *le Lot* un ressort dont le siège est à *Agen ;*

Administration universitaire. — 18 Académies. — Encore un nouveau chiffre : — nous commençons à nous embrouiller :

Le Lot-et-Garonne fait partie de l'Académie de *Bordeaux* avec *la Gironde, la Dordogne, les Landes, les Basses-Pyrénées :* — où sont donc *le Gers* et *le Lot* ? — Ce ne sont plus les mêmes départements que tout à l'heure : — Pourquoi ? — Je le disais bien, cela s'embrouille.

Administration militaire. — 22 Divisions.

Le Lot-et-Garonne fait partie de la quatorzième avec *la Gironde, la Dordogne,* et *la Charente-Inférieure :* — encore un nouveau département ; c'est embrouillé : — contentons-nous d'énumérer.

Administration gendarmerie. — 26 Légions départementales.

Le Lot-et-Garonne fait partie de la quatorzième dont le siège est à *Cahors.*

Administration de la Remonte. — 9 Circonscriptions, je crois : — La troisième dont fait partie *le Lot-et Garonne* comprend les dépôts de Tarbes, *Hautes-Pyrénées)* ; Mérignac, *(Charente)* ; Guéret, *(Creuse)* ; Aurillac, *(Cantal)* ; et Macon, *(Saône-et-Loire.)*

Administration ecclésiastique. —17 Archevêchés ; 55 évêchés ; en tout 82 divisions.

Le Lot-et-Garonne dépend de Bordeaux, (*Gironde,*) avec Angoulême, (*Charente*) ; Poitiers, (*Deux-Sèvres et Vienne*) ; Périgueux, (*Dordogne*) ; La Rochelle, (*Charente-Inférieure*) ; Luçon, (*Vendée*).

Administration Forestière : — 34 Divisions.

Le Lot-et-Garonne fait partie de la 29e avec la *Gironde, la Dordogne,* et *les Landes.*

Administration pénitentiaire. — La maison centrale d'Eysses, à Villeneuve-sur-Lot sert à la réunion des condamnés de onze départements parmi lesquels nous remarquons *l'Ariège* et *la Haute-Garonne.*

Administration des Ponts-et-Chaussées : — *Le Lot-et-Garonne* appartient à la 11e inspection dont le siège est à Paris!! avec la *Vendée, la Charente-Inférieure, la Charente* et *la Dordogne.*

Administration des haras. — Le dépôt de Villeneuve-sur-Lot dessert le *Tarn et Garonne* et *le Lot.*

Assez, n'est-ce pas, ami lecteur: — Résumons. — Nous venons de citer onze administrations, nous avons trouvé onze plans, onze chiffres différents, onze associations différentes de départements; prenez la carte et suivez : *Le Lot-et-Garonne* est uni à la *Vendée* pour les Ponts-et-Chaussées, à *Saône-et-Loire,* (Macon) pour la remonte.

En vérité, cela ressemble à une gageure; — Donnez à M. de Bismarck la France à constituer, supposez chez lui l'intention cachée d'enfermer dans cette organisation tous les éléments de désarroi possibles; — il se gardera bien de toucher à ce qui est; c'est, littéralement parlant, le comble du désordre organisé. — Il n'est pas un homme politique en France, pas même M. Thiers qui depuis cinquante ans étudie l'administration tant comme ministre que comme critique, pas un qui soit capable de citer de mémoire les chiffres et les énumérations ci-dessus, et je n'ai pas tout dit.

Si nous voulions, non pas nous livrer à une examen détaillé qui ne saurait trouver place ici, mais jeter un simple coup-d'œil sur les administrations prises chacune en son particulier, qu'y verrons-nous?

Tu as eu la douleur, lecteur, d'assister de près ou de loin à cette effroyable guerre de 1870-71; — Lorsque en 1869 le ministre de la guerre, maréchal Lebœuf, l'homme aux boutons de guêtre, prononçait à la tribune la phrase sacramentelle, et déclarait que la Prusse nous enviait notre admirable organisation. vois-tu d'ici M. de Bismarck et M. de Moltke ricaner et se frotter les mains dans l'ombre? — Qui n'a pas ri depuis, ce sont nos pauvres diables de jeunes soldats sans vivres, sans habits, sans armes, sans munitions; — C'est la France, livrée à la défaite inévitable en bonne partie par l'ineptie, par les dilapidations de l'administration de la guerre: — C'est la France, forcée aujourd'hui de se saigner les quatres membres, pour payer cinq milliards à ceux qui nous enviaient notre organisation militaire administrative.

Voyez la justice; — Etudiez le rôle de vos tribunaux sous l'empire, en matière de presse surtout; voyez l'histoire de la sixième chambre correctionnelle de Paris; — lisez l'admirable discours de Berryer sur la magistrature: — Demandez-vous si le monde civilisé vous envie un système qui met les magistrats depuis le premier jusqu'au dernier dans la main du Gouvernement quel qu'il soit, en fait de misérables instruments politiques, indignes, méprisables et méprisés depuis le juge de paix, mouchard abject, jusqu'au président de la cour de cassation, entremetteur avoué.

Des finances je ne dirai qu'un mot ; — La perception des finances de l'Etat coûte 12 p. °/₀ en France ; — 5 p. °/₀ en Angleterre ; est-ce l'Angleterre qui nous porte envie ?

Et ainsi des autres.

Devant un pareil désordre nous devons nous poser la question, non pas de corrections à faire, mais de la reconstruction complète, de la réorganisation de la France au point de vue administratif. Nous devons tracer notre plan comme en terrain neuf, tout ce qui existe devant être balayé, et ne pouvant fournir que des renseignements, — des matériaux.

III.

D'où partirons-nous ? — Tout raisonnement humain a pour but une conclusion ; — La conclusion résulte des prémisses : — Cherchons donc les prémisses, c'est-à-dire des principes fixes, nets, indiscutables, incontestés, et, une fois trouvés, ne les perdons jamais de vue.

Jean-Jacques Rousseau cherchant avant nous

« si dans l'ordre civil il peut y avoir quelque règle « d'administration légitime et sure, » a posé comme point de départ de ses raisonnements ultérieurs un principe que nous ne saurions admettre;

« Je suppose, dit-il, les hommes parvenus à ce « point où les obstacles qui nuisent à leur conser- « vation dans l'état de nature l'emportent, par leur « résistance, sur les forces que chaque individu « peut employer pour se maintenir en cet état. « Alors cet état primitif ne peut plus subsister, et « le genre humain périrait, s'il ne changeait sa « manière d'être.

« Or, comme les hommes ne peuvent engendrer « de nouvelles forces, mais seulement unir et di- « riger celles qui existent, ils n'ont plus d'autre « moyen pour le conserver que de former, par ag- « grégation, une somme de forces qui puisse l'em- « porter sur la résistance, de les mettre en jeu par « un seul mobile, et de les faire agir de concert.

« Cette somme de forces ne peut naître que du « concours de plusieurs; mais la force et la liberté « de chaque homme étant les premiers instruments « de sa conservation, comment les engagera-t-il « sans se nuire, sans négliger les soins qu'il se « doit? — Cette difficulté ramenée à mon sujet « peut s'énoncer en ces termes :

« Trouver une forme d'association qui défende « et protège de toute la force commune la personne

« et les biens de chaque associé, et par laquelle « chacun s'unissant à tous, *n'obéisse pourtant* « *qu'à lui-même et reste aussi libre qu'aupa-* « *ravant* (1).

« Tel est le problème fondamental dont le contrat « social donne la solution.

« Les clauses de ce contrat sont tellement dé- « terminées par la nature de l'acte, que la moindre « modification les rendrait vaines et de nul effet, « en sorte que, bien qu'elles n'aient peut-être « jamais été formellement énoncées, elles sont « partout les mêmes, partout tacitement admises « et reconnues, jusqu'à ce que, le pacte social étant « violé, chacun rentre alors dans ses premiers « droits et reprenne sa liberté naturelle en perdant « la liberté conventionnelle pour laquelle il y re- « nonça. »

Jusque-là tout va bien ou à peu près, les pré- misses sont acceptables voici la conclusion :

« Les clauses, bien entendues, se réduisent « toutes à une seule : savoir, *l'aliénation totale de* « *chaque associé avec tous ses droits à la commu-* « *nauté.* »

(1) C'est cette fiction préconçue que l'homme associé reste aussi libre qu'auparavant, que l'association ne rend pas la liberté relative, par conséquent variable selon les individus, les situations, qui a faussé la conception du pacte social chez Rousseau; — le point de départ faussé, les conclusions ont suivi.

La conclusion est fausse ; rien dans les prémisses n'exige, n'autorise même l'introduction du mot *totale :* Rousseau l'a senti probablement, il a même compris où est le défaut de la cuirasse, car il ajoute, paraphrase de l'aphorisme illégitime souligné par nous.

« Car, premièrement, chacun se donnant tout « entier, la condition est égale pour tous ; et, la « condition étant égale pour tous, nul n'a intérêt « de la rendre onéreuse pour les autres. »

Explication qui verse en plein dans l'utopie, et est en contradiction formelle avec la nature humaine si inégale à comparer les individus entre eux, avec le caractère humain dont la tendance est toujours à l'empiétement. — Si Rousseau avait cru sa conclusion rigoureuse il n'aurait pas ajouté cette phrase.

Et le résultat de cette conclusion primordiale sur laquelle il s'appuiera dorénavant comme sur un principe ne tarde pas à se faire sentir ; quelques pages plus loin il est amené à cette effroyable formule, mère de tous les excès passés et futurs commis au nom de la liberté :

« Afin donc que le pacte social ne soit pas un « vain formulaire, il renferme tacitement cet enga- « gement qui seul peut donner de la force aux « autres : que quiconque refusera d'obéir à la vo- « lonté générale y sera contraint par tout le corps ;

« ce qui ne signifie autre chose sinon qu'ON LE « FORCE D'ÊTRE LIBRE. »

Je croirais faire injure au lecteur en insistant sur l'accouplement monstrueux de ces deux mots : *forcé* d'être *libre.*

Toujours est-il que Rousseau a été en ceci le meilleur soutien de la tyrannie dont il a formulé toute la théorie :

Louis XIV n'en avait pas d'autre :

« *Chaque associé a consenti son aliénation totale,* « *(personne, famille, biens, religion, vie), avec tous* « *ses droits, à la communauté, c'est-à-dire à l'Etat ;* « *— or l'Etat, c'est moi, — par conséquent la per-* « *sonne, la famille, les biens, la religion, la vie de* « *tous m'appartiennent.* » — Cette formule absurde dont sont imbus à leur insu les trois-quarts des Français, qui diffèrent uniquement sur le sens à donner à ce mot la *communauté*, est la principale cause de la difficulté énorme que nous éprouvons à nous constituer sérieusement à l'état de nation libre. — Le Roi pour les uns, l'Etat pour les autres, a tous les droits sur tout et sur tous : — Etat, ou Roi, c'est le tyran qu'il faut dire.

Reprenons, si vous le voulez-bien, les prémisses, et cherchons une conclusion plus légitime.

L'homme primitif, seul, livré à lui même est faible, infirme, impuissant à vaincre les obstacles,

les dangers que la nature sauvage semble avoir à plaisir accumulés autour de lui. — Instruit par cette association naturelle qui est la famille, guidé d'ailleurs par un instinct naturel de sociabilité, il comprend que la puissance augmente en raison du nombre des forces unies pour le même but, et pour se rendre maître des difficultés qui l'environnent, il se réunit de propos délibéré, s'associe avec ses semblables. — Cette union doit avoir eu lieu primitivement pour obtenir des résultats déterminés, transitoires, sous l'influence d'une nécessité impérieuse, mais passagère: — la lutte contre une bête fauve, par exemple; — Le but atteint, la nécessité ayant disparu, chacun rentrait dans sa solitude, sa liberté.

Mais appréciant de plus en plus chaque jour par l'expérience les avantages de l'association, les hommes en viennent en quelque sorte à perpétuer leur union fugitive. — C'est cette association non limitée dans son but ni dans sa durée, se continuant et se renouvelant perpétuellement par l'accession incessante de ceux qui lui naissent inféodés qui constitue les sociétés modernes, la société.

Si l'homme avait pour unique objectif, comme semble le supposer Rousseau, la puissance de la collectivité dont il fait partie, le mieux a dû être à l'état primitif, de s'annihiler en tant qu'individu, de devenir un rouage: — la machine disposant de toutes ses forces, ne trouvant pas de résistance en elle-même, a pu arriver à son maximum de puissance.

Nous disons à l'état primitif, tant qu'il s'est agi de lutter par l'union des seules forces *physiques* humaines contre les forces *brutales* de la nature, éléments et animaux; — la principale force humaine étant aujourd'hui d'essence spirituelle, l'invention, la direction des forces naturelles dont il s'empare pour s'en faire des auxiliaires, et l'esprit se développant en raison de la liberté, — aujourd'hui, même en poursuivant comme but unique la grandeur de l'ensemble, de la patrie si l'on veut, il faudrait encore libérer l'individu pour qu'il entrât en pleine possession de sa puissance.

L'histoire est là pour le prouver: — nous avons vu quinze ans durant l'individualité supprimée par le despotisme le plus effréné: — qu'a produit l'esprit Français sous le premier empire? — Littérature, rien; — Arts, rien; — Industrie, science, inventions, rien, rien, rien. — Comparez ces quinze ans aux trente années de liberté relative qui ont suivi.

Mais d'ailleurs le point de départ de Jean-Jacques est faux; ce n'est pas la puissance de l'ensemble que l'homme poursuit; cette puissance n'est pour lui qu'un moyen; — le patriotisme même dont on fait grand bruit, en le donnant pour du désintéressement, le sacrifice fait à la patrie, c'est-à-dire à un ensemble, n'est encore que l'affirmation de l'individualité ; — c'est ce même sentiment impossible, Dieu merci, à tuer dans l'homme qui fait que nous tenons à notre commune entre toutes les communes du canton, — à notre canton entre tous les cantons du département, — puis à notre département, et enfin à notre patrie.

Tout cela est, pour formuler brièvement notre pensée, l'individualisation d'une association particulière par rapport à l'association plus générale.

Que ce soit là un sentiment d'ordre inférieur, je le veux bien ; qu'il appartienne à une morale plus élevée telle que peut déjà, peut-être, la supporter notre période de civilisation de prêcher la préférence donnée à l'humanité sur la patrie, à la patrie sur la localité, j'en suis d'accord ; — encore qu'une conception aussi élevée doive toujours rester l'apanage des natures supérieures, être incomprise de la grande masse ; — ce que nous cherchons ici, ce n'est pas ce qu'il convient à une morale transcendante d'enseigner, mais quel a été, quel est pour l'homme nature, avant toute éducation, le sentiment commun qui a dû dominer toutes les conditions de l'association.

IV

L'homme est hanté de deux rêves, poursuit deux buts : la puissance et la liberté ; — si nous voulions quintessencier l'analyse, nous trouverions que la puissance n'est que la liberté par rapport aux choses, tandis que ce que nous appelons liberté estla liberté par rapport à nos semblables.

Prenons un exemple : — Voici un homme à l'état sauvage; jeune, bien portant, fort, adroit, intelligent, au maximum de la puissance humaine naturelle : — les hazards de la chasse l'ont entraîné loin de sa famille ; il veut la rejoindre. — Mais voici venir un ouragan, le vent fait rage, il pleut à déluge ; — le ruisseau qu'il a traversé à pied sec s'est changé en torrent infranchissable. — Cependant l'homme veut passer ; — les siens ont-ils su se trouver un abri ? — ils doivent avoir faim, froid et peur : il part, bravant tout ; — Mais il faut faire un grand détour, souffrir beaucoup et longtemps pour arriver, et si un accident survient, une chûte, il peut rester là, couché, sans secours, en proie aux fauves ; — et dans ce cas, lui mort, la femme et les enfants en bas âge resteront seuls et faibles, condamnés d'avance.

Mais pour créer à soi et aux siens des abris contre le froid et la pluie, pour accumuler des vivres dans des conditions qui permettent leur conservation, pour jeter des ponts sur les rivières, pour se rendre rapidement à une grande distance, pour, si je puis ainsi dire, être *libre* de n'avoir pas faim, *libre* de n'avoir pas froid, *libre* de passer le torrent, etc., pour avoir en un mot cette *liberté* par rapport aux choses qui est la *puissance,* il faut nécessairement s'associer.

S'associer entraîne des conventions mutuelles ;— toute convention est une renonciation à une part de liberté absolue : — prenons la convention primitive la plus simple : — *Je conviens de me rendre à ton appel si tu es attaqué par une bête fauve, à charge de revanche.*

Il est évident que quand tu m'appelles à droite, de par notre convention je ne suis plus libre en ce moment d'aller à gauche, pas libre, si vous voulez, de *vouloir* aller à gauche : j'ai perdu cette part de ma liberté ; — que le marché soit avantageux pour moi qui perds un de liberté pour gagner deux de sécurité, soit; — mais, en fait, j'ai diminué ma liberté par rapport à mon semblable et augmenté cette liberté par rapport aux choses qui est la puissance.

Je n'ai abandonné cette liberté qu'en échange de cette puissance; sans cette compensation je n'aurais pas fait cet abandon ; — il est évidemment de mon intérêt, de mon droit, de mon devoir, et j'ajoute de mon instinct de poursuivre le *maximum* de puissance, et de n'abandonner que le *minimum* de liberté.

Au lieu donc de conclure avec Rousseau que la base du pacte social est « l'*aliénation totale de chaque associé avec tous ses droits à toute la communauté.* »

Nous dirons: *La société a pour base*, (pacte social primitif, convention mutuelle, écrite ou non), *l'abandon par chacun du minimum de liberté absolûment nécessaire pour que le corps social parvienne dans son ensemble, et fasse parvenir ses membres au maximum de puissance.*

Ainsi, qu'on ne s'y trompe pas; — Une société est une réunion d'hommes, d'individus unis en vue de parvenir à la puissance; liés par des conventions mutuelles librement consenties, qui limitent la perte de liberté que chacun consent; — ces conventions, ce sont les lois. (1)

La loi règle et limite en même temps la perte de ma liberté nécessaire à la marche régulière du corps social: — toute loi qui dans sa formule ne précise pas la perte de liberté et son quantum est une loi mal faite. — C'est bien ainsi que l'entendait Mirabeau disant un jour: « Faisons le moins de lois possible; chaqne loi nouvelle est une liberté de « moins. »

Toute liberté qui ne m'est pas expressément enlevée par la loi reste entière.

(1) Les lois sont de deux sortes: 1o Celles qui règlent les rapports entre les citoyens et l'Etat, ce sont celles dont nous parlons ici et qui ont toutes pour objet de règler, de limiter une perte de liberté. — Moins il y en a, mieux cela vaut. — 2o Celles qui règlent les rapports des citoyens entre eux; —celles-ci ont pour but de sauvegarder les intérêts des faibles ; — plus il y en a, mieux cela vaut.

Toute loi que je n'ai pas consentie, directement ou indirectement, peu importe, est nulle de plein droit.

Résumons, ami lecteur;

La liberté naturelle est le droit de faire tout ce qu'il te plait, et de ne faire que ce qu'il te plait.

Tu diffères de la brute, esclave de l'instinct, principalement par cette liberté, ce libre arbitre d'où découle ta responsabilité.

Tu as le droit et le devoir de n'en abandonner au corps social que le moins possible.

Ce que tu en abandonnes doit être fixé par des lois consenties par toi, directement ou par délégation.

Tu as le droit et le devoir de conserver à ta volonté non seulement son action individuelle, mais, en échange de la part de liberté dont tu fais abandon, l'influence la plus grande possible sur la marche de l'ensemble dont tu fais partie.

J'insiste sur cette remarque que si dans une période de civilisation peu avancée, tant qu'il s'est agi de vaincre la nature par des efforts purement physiques, il a été utile que l'individu s'abandonnât presque tout entier; il n'en est plus de même. — Aujourd'hui que la lutte contre la nature est devenue de la part de l'homme et devient de plus en plus chaque jour intellectuelle, qu'il a su trouver dans la nature elle-même des auxiliaires tout-puissants, le progrès consiste dans la libération de plus en plus grande de l'individu parallèlement à l'augmentation de puissance de l'ensemble ; — les prodigieuses découvertes des temps modernes ne seraient rien, si elle n'avaient pour résultat de nous libérer de plus en plus de toutes les tyrannies, aussi bien de celle de l'État que de celle de la nature.

La préoccupation principale de la politique doit donc être de sauvegarder les droits individuels ; — le but est d'arriver en même temps à diminuer sans cesse le sacrifice de liberté individuelle, la sujétion, et à augmenter sans cesse cependant la puissance de l'ensemble, celle de l'individu lui-même sur les choses.

V.

Ouvrons une parenthèse.

Dans tous les pays du monde il existe plusieurs partis politiques ; en France légitimistes, orléanistes, républicains modérés, radicaux, socialistes : — en Angleterre, Wighs, Tories, républicains : — En Espagne, républicains, progressistes, unionistes, etc : et ainsi partout.

Toutes ces épithètes n'ont au fond aucune signification philosophique, primordiale ; elles résultent de considérations secondaires et ne prouvent qu'une chose, c'est que les individus qui se les appliquent n'ont pas de principes fixes, et ne se rendent pas compte eux-mêmes de ce qui les unit à tels ou tels ou les en sépare.

Au fond il n'y a jamais eu en ce monde, dans tous les temps, il n'y a encore aujourd'hui en tous pays que deux partis ou, pour mieux dire, que deux écoles politiques:

Ceux qui admettent le principe de Rousseau, l'aliénation totale de chaque associé avec tous ses droits à la communauté, à l'état.

Pour ceux-là et vous en trouverez chez les orléanistes comme chez les républicains modérés, parmi les légitimistes comme parmi les radicaux, la conclusion est :

L'État est tout, l'individu rien, ou peu s'en faut.

Pourquoi l'État, — un mot, à tout prendre, — un être abstrait, conventionnel, contingent, doit être préféré à l'homme, être réel, nécessaire, seul sensible? — Je ne me charge pas de l'expliquer.

Comment l'État, l'ensemble, peut être riche, puissant, florissant, heureux, — quand la plus grande part de ceux qui le composent sont misérables, annulés? — Je ne saurais encore le comprendre.

Ceux-là, si le mot n'avait déjà reçu une autre acception, ou pourrait les appeler socialistes : — Irons-nous pour les désigner, quérir quelque vocable Grec ou Latin? — Puisque nous parlons français et qu'en Français l'être collectif politique considéré par opposition à l'individu se nomme l'État, — donnons leur le nom de Etatiste. — (1) Je regrette que le mot ne soit pas plus harmonieux.

Les autres prennent pour point de départ le principe que nous avons formulé.

L'individu seul existe réellement, primitivement, par lui-même. — L'association, (corps social, société, état, etc.) n'existe que par une convention, est une abstraction.

Si l'individu consent à la formation du corps social, c'est en vue de son intérêt particulier qui est le vrai but.

Il ne consent au sacrifice que d'une partie de sa liberté et pour trouver dans l'association une compensation de puissance non pas seulement collective, mais personnelle.

Ceux-ci on peut les appeler Individualistes, et, lecteur mon ami ne t'y trompe pas, cinq minutes d'entretien avec un homme suffisent pour le classer dans l'une ou l'autre école, un royaliste étatiste est plus près de s'entendre avec un radical étatiste qu'avec un royaliste individualiste ; — un républicain individualiste est plus éloigné d'un républicain étatiste que d'un monarchiste individualiste (libéral).

(1) Autoritaires ? — C'est la même secte au fond, mais la relation du mot au principe n'est pas aussi directe, aussi claire par conséquent.

Est-ce à dire que les deux principes peuvent également concorder avec toutes les opinions politiques qui ont cours; non certes; — cela prouve seulement que rien n'est plus rare que la connaissance des principes et la logique : et qu'un honnête homme peut parfaitement, sans s'en douter, obéir à deux principes contradictoires.

La formule du contrat social que nous avons adoptée conduit-elle logiquement à telle ou telle forme de Gouvernement? — C'est ce que nous allons étudier.

L'homme consent à s'associer avec ses semblables ; — par cette association il perd, il sacrifie une partie de sa liberté naturelle, il est absurde, contradictoire d'admettre qu'il consente à un pareil sacrifice sans faire au moins une condition, sans stipuler une compensation. — L'eût-il fait, toute convention semblable est nulle de plein droit ; — il peut et doit réviser un contrat léonin contre lui, car son droit naturel,primordial,inhérent à son être ne saurait se perdre, même de son consentement.

« Dire qu'un homme se donne gratuitement,
« c'est dire une chose absurde et inconcevable : un
« tel acte est illégitime et nul, par cela seul que
« celui qui le fait n'est pas dans son bon sens.
« Dire la même chose de tout un peuple, c'est sup-
« poser un peuple de fous ; la folie ne fait pas
« droit. »

J.-J. Rousseau (*contrat social*).

Nous ne pouvons donc nous dispenser d'admettre qu'en s'associant à ses semblables l'homme a du faire au moins une condition, stipuler au moins une compensation.

Quelle est la condition qu'il a dû faire ?

C'est là toute la question politique.

Quelle est la compensation qu'il a dû stipuler ?

C'est là toute la question sociale.

VI.

La condition qu'il a dû faire renferme, disons-nous, toute la question politique.

En effet, un individu veut former avec d'autres une association à laquelle en tant qu'ensemble il donne prise et droit sur lui et les siens, ses biens acquis et ceux qu'il pourra acquérir. — La condition qu'il doit faire, qu'il a faite certainement, sinon expressément au moins virtuellement, celle qui vient à l'esprit de tous de primesaut, c'est qu'il se réserve une part dans l'organisation de cette puissance collective dont il fera partie et à laquelle il se soumet, une part dans la règlementation des rapports de l'ensemble avec les individus, une part dans la direction imprimée à l'association, un droit de surveillance qui lui garantisse que l'organisation voulue par lui, la législation consentie par lui ne seront pas de vains mots.

Ce droit de constitution, de direction, de surveillance réservé par chacun des associés est la base, l'équivalent du droit au suffrage, du suffrage universel.

—

D'où ce principe :

Les associés ont le droit, chacun pour sa part proportionnelle, de constituer, d'organiser leur société comme ils l'entendent.

Combien de sortes d'organisation sont possibles pour ces sociétés humaines qu'on nomme nations ?

Trois ; le Despotisme, la Monarchie Constitutionnelle, la République.

Jean-Jacques Rousseau et Montesquieu entre autres ont discuté l'essence des gouvernements à un point de vue philosophique très-élevé auquel nous ne saurions prétendre ; — simple paysan, plus habitué au terre à terre des faits qu'à la transcendance des théories, qu'il nous soit permis de nous en tenir à quelques considérations pratiques qui nous paraissent avoir une certaine valeur pour les esprits simples et naïfs mais droits auxquels nous nous adressons.

Qu'est-ce qu'un Despotisme ?

Un seul individu, un seul entre les associés est maître absolu de l'association entière prise dans son ensemble et de tous les autres associés, personnes et biens.

Ceci est en contradiction formelle avec la réserve expresse faite par les associés, — qu'ils auront droit d'intervenir dans les affaires publiques; — je ne crois pas devoir m'appesantir sur un système dont la conclusion est de faire passer l'immense majorité du genre humain à l'état de cheptel, de matière taillable et corvéable *à merci*, comme disait si éloquemment notre vieux Français, tenaillable et tuable à volonté.

Que cette forme de Gouvernement ait eu dans les temps primitifs quelques avantages pour l'association en tant qu'ensemble, c'est possible, encore que ç'ait toujours été aux dépens de la plus grande part des membres : — Mais à la période de civilisation où nous sommes parvenus, nous pouvons affirmer qu'il ne présente et ne peut présenter aucun avantage sinon pour le despote et les quelques privilégiés qui l'entourent ; — quand aux inconvénients pour l'ensemble et les particuliers, sans même remonter à des exemples dont la reproduction est impossible de notre temps, il est inutile d'en donner l'énumération à ceux qui auraient oublié et veulent ignorer les procédés administratifs et judiciaires de l'empire, à ceux qui n'auraient pas trouvé leur chemin de Damas dans la déclaration de guerre à la Prusse faite, à tout prendre, par le despote seul, malgré la France entière, sauf les mouchards de toute catégorie.

La Russie a un régime despotique avoué ; —

l'Allemagne est au fond dévorée de la même lèpre, encore qu'elle semble avoir des garanties constitutionnelles.

—

La monarchie constitutionnelle a quatre rouages gouvernementaux : deux qui constituent le pouvoir législatif, deux qui sont le pouvoir exécutif.

Pouvoir législatif. — 1° Une chambre haute, composée habituellement de grands seigneurs transmettant leur siège héréditaïrement : — Le monarque dispose d'un certain nombre de sièges qu'il peut donner à qui bon lui semble ; — il faut lire l'histoire pour savoir à quoi peut servir une journée de pairs ou de sénateurs.

2° Une chambre basse composée d'un certain nombre de députés élus par le peuple (suffrage universel), ou la partie du peuple qui présente certaines conditions requises par la loi (censitaires, capacités).

Pouvoir exécutif. — 1° Un roi (qui règne et ne gouverne pas).

2° Un ministère choisi par le roi, mais pris forcément dans la majorité de la chambre basse élue par le peuple.

Il y a là évidemment une amélioration par rapport au despotisme : — le peuple (les associés) intervient dans une certaine mesure ; des quatre organes gouvernementaux, deux dépendent plus ou moins de lui, — la chambre basse qu'il nomme, et le ministère qui doit être pris dans la majorité de la chambre, par conséquent dans l'opinion qui réunit la majorité de la nation.

Mais l'institution des deux autres rouages est en contradiction formelle avec les principes : nous avons le droit primordial d'instituer notre association comme nous l'entendrons : — Nous avons, par conséquent, un droit étant perpétuel par nature et non transitoire, le droit de modifier notre organisation quand et comme il nous conviendra de le faire.

Prendre un roi à vie, c'est nous interdire toute modification de ce rouage sa vie durant, que nous soyons contents ou non; déclarer la royauté héréditaire, c'est nous engager pour toujours, renoncer à notre droit de révision, ce qui nous est interdit même vis à vis de nous-mêmes, quand notre association se composerait éternellement des mêmes individus, le dit droit étant inaliénable; — a fortiori, si vous voulez considérer que les naissances et les morts modifient sans cesse l'opinion générale, que quelques années suffisent pour changer dans sa majorité le personnel du corps électoral. — Il est de toute évidence que nous ne saurions en aucun cas renoncer au droit de nos enfants, droit qui ne nous appartient en aucune façon.

« Quand chacun pourrait s'aliéner lui même, il « ne peut aliéner ses enfants; ils naissent hommes

« et libres; leur liberté leur appartient, nul n'a le « droit d'en disposer qu'eux. »

J.-J. ROUSSEAU *(Contrat social)*.

En ce qui concerne la chambre haute il en va de même; nous ne pouvons accepter que nos élus, ceux qui apportent avec eux nos désirs, nos opinions, nos volontés, qui sont nous-même en quelque sorte par délégation soient entravés par une assemblée dans le choix de laquelle les associés ne sont intervenus en aucune façon, qui peut, et c'est là ce qui arrive ordinairement, être en contradiction formelle avec les tendances, les volontés, les besoins même de l'association qu'ils gênent et contrarient au lieu de la suivre en la dirigeant.

Ferons-nous remarquer que par l'hérédité des sièges de la chambre haute toute intervention des associés disparaît ainsi que toutes les garanties de capacité ?

C'est à nous, et à nous seuls, peuple, association, corps électoral qu'appartient le droit de diriger, directement ou par délégation la marche du corps social; — si l'on estime qu'une chambre élue sous le feu des passions populaires demande à être surveillée, qu'on imagine deux, dix, cent rouages qui puissent assurer la tranquillité en même temps qu'ils donneront des garanties de raison, de maturité, soit; mais qu'on nous les fasse accepter et que notre influence se fasse sans cesse sentir sur leur désignation : — qu'ils soient au moins indirectement sous notre contrôle, et, en dernière analyse, en cas de désaccord, que ce soit toujours à ceux qui émanent directement de nous que reste le dernier mot.

VII.

En dehors de la rigueur des principes fondamentaux, d'autres considérations, de l'ordre pratique, nous feront encore repousser la monarchie, même avec des garanties constitutionnelles.

La monarchie est dangereuse ou indigne ; — elle est ruineuse, — démoralisatrice, — elle perpétue l'état révolutionnaire.

—

Nous disons dangereuse ou indigne.

En effet, le roi règne et gouverne, c'est le despotisme déjà condamné ; plus ou moins déguisé, peu importe. — Dans ce cas il faut tenir compte de sa personne : — Or un roi est un homme, et non un demi-Dieu, sujet par conséquent à toutes les misères de la nature humaine : — Demain il peut devenir infirme, fou, imbécile, méchant, etc. — Je ne voudrais dans ma propriété, moi, paysan, à aucun prix m'engager à garder toujours un domestique, si parfait soit-il aujourd'hui, qui est exposé à de pareilles infirmités. dont la moindre aurait des résultats très-graves pour moi ; — que dirai-je donc, s'il s'agit non de la culture d'une ferme, mais des intérêts d'une nation entière ?

A quoi ne sommes-nous pas exposés dans les périodes de minorité, de jeunesse du prince, de régence, etc. ? l'histoire est là pour le dire.

Le seul parti prudent est de ne prendre serviteur ou roi, c'est tout un, qu'à temps, — de nous arranger de manière à le faire venir de temps en temps, chapeau bas, s'il est content de la place, nous demander si nous voulons le garder ; — cela rappelle au chef de l'Etat qu'il est un serviteur, ce qui est de première utilité pour lui et pour nous, puis, en cas de mauvais service, cela nous permet de le renvoyer sans esclandre ; rien ne nous empêchant d'ailleurs, si nous sommes satisfaits de sa manière de gérer nos affaires, de passer avec lui un nouveau bail.

Un peuple mécontent de son roi n'a d'autre moyen de s'en débarrasser que de prendre le fusil et de descendre dans la rue ; — que ceux qui n'ont pas assez de révolutions, d'émeutes, de déportations et de fusillades soient royalistes, je ne saurais l'être.

Que si le roi, selon l'expression faite, règne et ne gouverne pas, comment rendrions-nous notre pensée à son égard mieux que ne l'ont fait Napoléon 1er et Alphonse Karr.

Siéyez dans son projet de constitution avait introduit un grand électeur qui régnait et ne gouvernait pas : — « Ce n'est pas un homme, objecta Bonaparte qu'un pareil rôle ne tentait guère, c'est un porc à l'engrais. »

« Le premier roi constitutionnel qui mourra, dit Alphonse Karr, faites-le empailler, ce sera la même chose, puisqu'il ne gouverne pas, et cela nous économisera définitivement les minorités, régences, couronnements, etc. »

La monarchie, si le roi gouverne est donc dangereuse ; — s'il ne gouverne pas, elle constitue un état ignoble pour lui, par conséquent pour le pays.

—

Un roi, constitutionnel ou non, est né roi ; — ce qui est déjà une mauvaise condition pour lui et pour ses sujets ; — Roi il vivra, — Roi il mourra; ni hier, ni demain, jamais simple citoyen comme vous et moi ; — Et il est le seul ainsi ; de là un prestige. — mais le prestige, les rois le savent, est d'autant plus grand sur la masse qu'il s'entoure de plus de pompe, d'appareil ; de là grand luxe pour le roi, grande dépense pour nous, contribuables; — cela se chiffre par millions.

Dans cet apparat rentrent les parents du roi,

tous ceux qui l'entourent et doivent en avoir un reflet: — d'où grand luxe pour les gens attachés à la personne et à la dignité, princes, chambellans, grands-veneurs, grands écuyers, etc, — sans compter les maitresses et les bâtards; — Pompadour ou Marguerite Bellanger; — duc du Maine ou duc de Morny; — Par conséquent grande ruine pour nous, car c'est toujours nous qui payons tout cela, princes, catins et bâtards; — A ceci, car c'est un système, se rattachent tous ceux qui, de près ou de loin rappellent plus particulièrement le roi à l'intérieur et à l'extérieur, d'où grand luxe pour les préfets, les ambassadeurs, etc, — et toujours le même refrain: — paie, paysan, — paie, marchand, — paie, travailleur pour faire se goberger cette bande de fainéants: — et ici cela se compte non plus par millions, mais par centaines de millions. —

Concluons: la royauté est ruineuse.

—

Le roi est un homme; — si constitutionnel, si annulé, si peu gouvernant qu'on le suppose, il n'en a pas moins à sa disposition directement ou par influence un grand nombre de positions, élevées et lucratives, des sinécures le plus souvent, chose commune avec la royauté; — il est naturel qu'il en dispose en faveur de ceux qui lui témoignent le plus d'attachement personnel; — qu'un imbécile, un coquin dévoué soit préféré à un honnête homme méritant mais qui considère avant tout l'intérêt public, cela s'est toujours vu et se verra toujours sous tous les régimes, la chose étant dans la nature humaine, mais avec la monarchie, c'est ordinaire, normal, systématique; le roi est content, le favorisé aussi; mais les affaires de l'association en vont-elles mieux ?

Et ceci est une échelle que nous pourrions suivre jusqu'au dernier degré; — sans insister sur les faveurs obtenues par l'entremise des maîtresses du roi, celle des amants des princesses, — ceux qui par leurs relations personnelles avec le monarque et ses fidèles *ont de l'influence,* (c'est là en France une expression faite et tout à fait topique) ont naturellement leurs dévoués, lesquels ont à leur tour leurs séïdes; — Du haut en bas de l'échelle administrative tout se donne à la faveur, s'obtient par les relations personnelles et non par le mérite. Au lieu du dévouement aux institutions, du zèle à remplir les fonctions, on demande partout, on trouve partout aussi la servilité aux personnes. — Nos rouages administratifs en fonctionnent-ils mieux ?

De s'arrêter devant une injustice il n'y a nulle raison : le pivot autour duquel tout tourne, le roi est immuable ; s'il vient à disparaître — Le Roi est mort, vive le Roi ! — c'est pour céder la place à son successeur légitime marqué d'avance, de longue date préparé à accepter les mêmes dévouements, à distribuer les mêmes largesses ; — à subir les mêmes influences.

Les affaires les plus graves d'une grande nation en viennent à dépendre d'une intrigue de cour.

Conclusion : La royauté demande la servilité à la personne au lieu du dévouement au pays ; elle est en ceci démoralisatrice.

—

La meilleure raison qu'on apporte en faveur de la monarchie, celle du moins que les partisans de ce régime considèrent comme telle, car ils la donnent avec une insistance toute particulière, c'est qu'elle serait une garantie de stabilité, éviterait les grands mouvements d'opinion qui peuvent bouleverser le pays lors du remplacement périodique du chef de l'État, — ce qui est spécieux.

Disons d'abord que en théorie, le changement d'un président de république est le changement d'un simple fonctionnaire; — un peu plus élevé que les autres, je le veux bien, mais à tout prendre, simple fonctionnaire, changement attendu, prévu, légal: — qui amène par conséquent un peu d'agitation peut-être, mais jamais de bouleversement, tandis que le changement d'un roi dont la nation est mécontente, ne peut absolument avoir lieu que par un bouleversement, une révolution.

Si nous considérons les faits, nous constaterons que la nomination du président des Etats-unis n'a jamais occasionné même une émeute sérieuse; tandis que depuis quatre-vingt ans la monarchiomanie a valu à la France sept révolutions et un nombre infini d'émeutes; — que la royauté tant pronée comme garantie de l'ordre a été impuissante à nous le donner, que la stabilité monarchique s'est traduite par l'instabilité constante.

Louis XVII n'a pas succédé à Louis XVI; — ni Napoléon II à Napoléon 1er; non plus Henri V à Charles X: pas davantage Louis-Philippe II à Louis-Philippe 1er; Napoléon IV, a, Dieu merci, de grandes chances de ne pas succéder à son honorable père.

Que nous ignorions absolument si un autre régime peut nous donner la stabilité, je le veux bien; — mais ce que nous savons pertinemment, par expérience, c'est que l'ordre reposant sur l'institution monarchique, la stabilité résultant de l'hérédité monarchique sont des mythes auxquels ont seules le droit d'avoir encore foi les bonnes femmes qui croient encore aux amulettes; — les coquins, ceux qui ont besoin de la monarchie pour se caser avantageusement par la faveur ont aussi, il est vrai, le droit de faire semblant d'y croire.

Conclusion : la monarchie constitutionnelle ou non, est impuissante à donner l'ordre, à assurer la stabilité.

VIII.

Reste la République à laquelle nous sommes bien forcés d'aboutir.

La République Démocratique, la seule possible aujourd'hui, est essentiellement fondée sur deux bases:

1° Les affaires de l'association sont dirigées par les associés eux-mêmes, soit personnellement, soit, quand l'état social l'exige, à l'aide de mandataires élus par les associés.

2° Les mandataires sont sous la surveillance continuelle de leurs commettants, et, pour faciliter cette surveillance, les mandats sont à court terme et révocables.

Ce quirépond au principe posé (page 41);—l'élection de ceux qui légifèrent et administrent, qu'elle soit à un ou à deux degrès, c'est l'intervention de l'associé pour sa part proportionnelle dans la direction des affaires de l'association: — la brièveté du mandat, sa révocabilité constituent la surveillance.

—

Les inconvénients de la monarchie disparaissent : — la prodigalité d'abord; — en effet, un roi, qui ne ferait que règner, s'il n'est rien, veut, par pudeur autant que par intérêt, avoir l'air d'être quelque chose, et pour cela chercher une apparence de valeur dans le prestige dû aux manifestations extérieures, — costume, entourage, cour, bals, etc.

Un député, un ministre, un président de la République est, même pour les gens ayant la bosse de la vénération, un homme, presque un premier venu : — ce qu'il est aujourd'hui, il ne l'était pas hier, l'encre du procès-verbal de son élection est à peine séchée ; — il ne le sera plus demain, — la fin de son mandat est là, imminente : son prestige vient tout entier de ce qu'il est élu : — des signes extérieurs sont impuissants à lui enlever son caractère de caducité ; — il est d'ailleurs sous la surveillance continuelle de ceux qui l'ont choisi et ne saurait dépasser aux dépends de l'État les appointements modérés qui lui sont alloués. — (1) D'où simplicité forcée, économie.

Une république, être de raison, abstraction, devant trouver son prestige dans des motifs de l'ordre purement moral et non chercher à imposer par des habits brodés et des bals à grand orchestre, doit supprimer tout ce qui pourrait donner un prestige physique aux personnes pour ne leur

(1) Napoléon III touchait personnellement 26 millions et 1/2. — M. Thiers a 600 mille francs de traitement ; — Le président de la République des États-Unis touche cent mille francs.

laisser que l'auréole résultant de la fonction elle-même;—elle fait nécessairement disparaître toutes les places d'apparat, réduit les gros traitements, supprime les frais de représentation.

—

Figure-toi, lecteur, une réception officielle à la cour d'un roi ou d'un empereur quelconque : — au dehors des équipages somptueux, dorés sur tous les coins, chargés de grands escogriffes de laquais et de chasseurs galonnés et chamarrés sur toutes les coutures.

A l'intérieur, l'ambassadeur de France, celui de Russie, celui de Prusse, etc. — tout cela doré et chamarré comme les laquais du dehors, un peu plus peut être pour faire supposer une différence, chapeau à plumes, épées luxueuses, croix et crachats à la pelle, etc., etc. — Une vraie collection de saltimbanques, à cela près que leurs galons sont dorés en fin (c'est nous qui payons), tandis que ceux de Bilboquet sont dorés en faux. — Au milieu, et, remarquez-le bien, des premiers, un homme en habit noir, chapeau noir, sans plumet, sans dorure, sans croix ; — rien, rien qu'un homme venu en fiacre, à pied peut-être, si le temps est beau : — vois entrer le monarque avec couronne, manteau d'hermine, sceptre, etc. — encore plus ridiculement accoutré que toutes ces marionnettes, regarde-le faire, s'il a un mot aimable, une prévenance, s'il se fait petit devant quelqu'un, c'est pour ce brave homme en habit noir; — si parmi tous ces ambassadeurs il en est un dont la parole soit nette, franche et parfois, quand il le faut, impérieuse et hautaine, c'est l'homme en habit noir; c'est que cet homme n'est pas un sujet; — c'est un citoyen qui parle au nom d'une grande nation, d'une nation libre ; — il n'a que faire de galons et d'oripeaux, fussent-ils en or fin, pour avoir un prestige. — C'est l'ambassadeur de la République des Etats-Unis : — les autres reçoivent dix fois plus d'appointements que lui : il n'en est pas moins le premier entre tous.

La Monarchie est ruineuse : — la République est économique.

—

Dans l'ordre administratif, sous le régime monarchique, nous l'avons dit, tout, ou peut s'en faut, se donne à la faveur : — en République, ceux à qui vous seriez tenté de demander une faveur, ceux qui pourraient par leur situation actuelle vous la faire accorder ont une puissance essentiellement éphémère et dont la durée dépend justement de l'usage qu'ils en feront : — vous avez obtenu une place par un passe-droit grâce à l'appui de M. X... votre député; — prenez-y garde, dans six mois, un an, M. X... se présentera de nouveau devant ses électeurs; — il devra leur rendre compte de la manière dont il a rempli son mandat : la faveur à vous accordée sera connue, lui sera reprochée, et suffira peut-être à l'empêcher d'être nommé de nouveau. — Le protecteur disparu, retombé dans son obscurité pour avoir abusé de son mandat, vous restez en face de vos supérieurs qui vous ont subi, de vos inférieurs qui ont protesté ; — vous serez brisé comme verre et rentrerez dans votre néant avec une mauvaise note.

Par le jeu même des institutions, par le fait que en République, les hommes passent et s'usent rapidement, tandis que les institutions seules se perpétuent, le régime républicain exige de tous ceux qui le servent et veulent conserver la faveur publique le dévouement à la chose publique, mobile essentiellement noble, moralisateur, autant que le mobile monarchique du dévouement à la personne, de la servilité est bas et démoralisateur.

—

Un monarque, nul ne peut guère le nier aujourd'hui en France, peut mal gouverner, Charles X ou Napoléon III : — il peut même comme Louis-Philippe vouloir gouverner quand on entend qu'il règne seulement.

D'une façon ou d'une autre il peut mécontenter

la majorité de la nation. La question ne se posant jamais de son changement, tout bon citoyen doit se demander s'il supportera que l'association entière soit conduite à la ruine ou s'il prendra son fusil; — dilemme terrible qui se résout par une révolution, c'est-à-dire par le désordre, et, si nous en croyons notre histoire, par le désordre périodique.

En République, quel que soit le fonctionnaire politique dont vous êtes mécontent, député, ministre ou président, en admettant même que vous ne vous soyez pas réservé un procédé pacifique et légal de révocation avant l'expiration du mandat, à court terme il reviendra vous demander si vous entendez lui donner un mandat nouveau : vous êtes libre, absolûment libre de le remplacer : — dès lors il n'y a plus d'impasse, vous n'avez qu'à attendre ; il ne saurait y avoir nécessité, ni même utilité grande de troubler l'ordre pour hâter ce dénouement, il ne doit plus y avoir de révolutions, les émeutes, si elles étaient encore possibles, deviendraient inexcusables, ce qui moralement, n'est pas une petite affaire.

La République seule offre ces conditions d'ordre assuré : toute institution monarchique, quelles que soient les précautions que vous preniez à son égard, est par la perpétuité personnelle qui est de son essence une certitude de désordre futur à un moment quelconque.

—

La stabilité ! — Mais n'est-il pas évident qu'il ne saurait être raisonnablement question d'une stabilité fondée sur un homme, l'être *ondoyant et divers,* instable s'il en fût lui-même, par la maladie, les passions, l'âge, la mort ; — la stabilité ! — ayant souvent pour unique point d'appui la vie d'un enfant malingre et souffreteux dont les jours sont sans cesse menacés par les sourdes ambitions collatérales, d'un adolescent débile et corrompu qui livrera le pays en proie à tous les caprices des favoris et des favorites, aujourd'hui des mignons et demain des drôlesses.

Seules les institutions *impersonnelles*, sont et peuvent être stables ; — leur degré de stabilité est en raison directe de leur degré d'abstraction de la personnalité humaine.

En vertu d'une loi fixe, positive dans ses termes et dans son interprétation je paye cent francs d'impôt:—depuis dix ans j'ai vu passer dix percepteurs : — l'un jeune, l'autre vieux : l'un bien portant, l'autre maladif : — celui-ci fort avenant, celui-là très mal élevé ; — un très-bon, un autre très-méchant, etc. — que m'importe, s'il vous plaît ? La loi n'a pas changé, je paye à l'un comme à l'autre, la même somme aux mêmes époques, avec les mêmes formalités : — les hommes passent, la loi reste, et là seulement est la stabilité.

—

La royauté est donc la révolution périodique, l'instabilité forcée. — La République seule peut garantir l'ordre parce que ses organes sont muables ; — la stabilité, par contre, parce que ses institutions sont immuables.

La solution ne saurait donc être douteuse un seul instant; sans insister davantage sur cent autres raisons très-bonnes mais devenues banales à force d'être répétées :

Au nom des conventions fondamentales du pacte social, au point de vue des intérêts d'économie et de moralisation, des garanties d'ordre et de stabilité,

La République est le seul régime qui puisse convenir à un peuple civilisé.

II.

I.

La première partie de cette étude nous a logiquement amenés à conclure a la République; — mais le mot est par lui-même peu précis, il y a plusieurs formes de république possibles.

Le droit réclamé par *tous* dans le pacte social, primitif de concourir à la direction des affaires, les mœurs modernes nous font écarter sans contestation possible les formes anciennes; — Athènes où le peuple était divisé en quatre classes sans compter les esclaves; — Sparte avec les Ilotes et deux rois pour gouverner; — Rome, un sénat souverain, une caste patricienne, et la plèbe lâche et avilie par l'aumône dont elle vivait;—Venise et le conseil des dix, etc.

Tout cela a porté le nom de République; mais en réalité c'était des oligarchies, des aristocraties: — nulle, sauf l'absence de monarque, n'a ressemblé même de loin par les lois ni par les mœurs à ce que nous entendons aujourd'hui par ce mot.

Les Républiques modernes elles-mêmes, Suisse et Américaine, tout en fournissant des renseignements précieux, ne peuvent nous servir de modèles à copier servilement ; elles sont fèdératives; ce que nous cherchons, c'est la République démocratique non fédérative, *une et indivisible* comme on disait autrefois, et offrant cependant tous ceux des avantages de la fédération qui ne nuiraient pas à l'unité.

Ne trouvant pas de modèle autour de nous, cherchons simplement par le raisonnement et ne perdons jamais de vue les principes primordiaux que nous avons posés.

—

Mais d'abord, ces principes sont-ils applicables dans toutes leur rigueur, ou doivent-ils pratiquement subir des modifications?

Je te recommande, ami lecteur, de méditer souvent, longtemps et profondément sur une vérité que je devais te dire et qu'il faut répéter sans cesse: — Les principes sont absolus, mais l'homme est un être essentiellement relatif; — Celui qui veut être juste ne doit jamais perdre de vue les principes, phares lumineux qui éclairent sa marche, mais celui qui veut être raisonnable ne demande l'application des principes que dans la mesure du possible, possible essentiellement variable avec les temps, les lieux, les hommes et les circonstances.

Je demande à concourir moi-même pour ma part proportionnelle à la direction des affaires publiques: c'est mon droit absolu, incontestable en tant qu'associé; — reste à savoir si l'interventiondirecte de tous les citoyens est possible.

Pour qu'un peuple pût s'administrer ou même faire ses lois lui-même il faudrait qu'il réalisât deux conditions:

1°—Qu'il pût discuter la loi à formuler, les mesures à prendre. — Or discutér exige que chacun de ceux qui délibèrent soit par rapport aux autres à portée de la voix; — étant donnés la portée de la voix humaine et l'espace nécessaire au corps humain, il est évident qu'un peuple où le nombre des citoyens dépasse quelques milliers doit, par la nature des choses, renoncer à se gouverner, à légiférer lui-même.

La République de Saint-Marin s'est autrefois administrée ainsi elle-même; — elle y a renoncé.

2° — Il faut que *tous* les citoyens puissent, le cas échéant, consacrer *tout* leur temps aux affaires publiques sans que la vie civile en souffre.

A Athènes, à Sparte, à Rome où les citoyens étaient libérés du travail par leurs esclaves, c'eut été possible, à la rigueur; — mais dans les conditions du travail moderne, même dans une petite République on n'y saurait penser; — à fortiori dans une grande, car à mesure qu'une société augmente en nombre, les points qu'elle a à règler pour ses rapports avec ses propres membres ou avec l'extérieur se multiplient proportionnellement et absorberaient *tout* le temps de *tous*, ce qui la rendrait impossible.

De là la nécessité de réduire fictivement par le mandat collectif l'association à un nombre d'individus permettant la délibération personnelle directe ; de là la délégation des droits et des pouvoirs à des représentants du peuple chargés en son nom de discuter et de décider chacun au nom d'un groupe.

Ne pouvant diriger nous-mêmes les affaires de l'association,—à dix, à cent, à mille nous choisissons un de nous dont nous connaissons les opinions et les tendances, auquel du reste, nous donnons des instructions et qui prend envers nous des engagements ; — nous nous réserverons, bien entendu, comme vis-à-vis de tout mandataire, le droit de le surveiller et de le révoquer s'il y a lieu ; — ces précautions prises, nous lui déléguons pour un temps notre part de droits et l'envoyons en notre nom délibérer, légiférer, administrer, faire en un mot tout ce qui est nécessaire à la marche de l'association, sous sa responsabilité vis-à-vis de nous.

Ces délégués étant les représentants de tous et et de chacun, il est naturel, il est juste que chacun des membres de l'association délègue directement sa part de pouvoir, et cela d'autant plus qu'il paiera sa part des charges votées, subira sa part de responsabilité effective dans le résultat des mesures prises par ceux qui le représentent.

La conclusion au suffrage universel direct pour délégation est forcée, du moins absolument parlant : — Mais c'est là une question qui mérite d'être examinée à fond et que nous renvoyons à un chapitre spécial.

II.

Parvenus à ce point de notre étude il semble que la première chose à faire soit d'étudier la constitution d'un pouvoir central : — C'est ainsi en effet que procèdent ordinairement ceux qui comme nous poursuivent la solution de ces questions ; — logiques en ceci et suivant à leur insu le principe posé par Rousseau, principe dont beaucoup sont pénétrés qui ne s'en doutent pas : « l'Etat est tout, l'individu rien. » — L'Etat se concrète pour eux, se personnifie en quelque sorte dans le Gouvernement central, et cette personnification d'une abstraction il leur tarde d'y arriver ; — ils ont hâte de donner un corps à cet être fictif qu'ils sentent toujours près de leur échapper : — ils obéissent ainsi à une sorte de remords, de sentiment intime qui les avertit de la fictivité, de la non-légitimité de l'existence personnelle de l'Etat, de l'inanité de ce qu'on a appelé ses droits : — Cette solidification artificielle obtenue, ils se sentent plus à l'aise pour sacrifier à cet être abstrait, insensible et irresponsable, les droits imprescriptibles des citoyens, individus concrets, eux, sensibles et responsables en ce sens qu'eux et eux seuls expient et parfois bien durement les fautes commises au nom de l'abstraction.

Nous avons, nous, posé en principe que l'individu s'est associé dans son propre intérêt, que s'il a consenti à devenir une partie d'un tout, c'est en se réservant l'intervention la plus grande possible dans la marche de ce tout.

Demandons-nous donc si, avant de livrer une grande part de notre liberté à un pouvoir central qui échappe à notre portée malgré nous par son éloignement et son importance, nous ne pourrions pas établir des rouages intermédiaires qui, plus rapprochés de nous, nous permettraient une plus grande somme d'influence directe, et, d'autre part, nous serviraient, en cas de besoin, de frein vis-à-vis du centre.

Un peuple de quelques milliers d'âmes peut adopter un système gouvernemental très-simple; — quelques citoyens délégués par le corps électoral gouvernent et légifèrent ; — le territoire, les relations étrangères, les rapports des citoyens entre eux et avec l'administration, tout, en un mot, dans les affaires de la République est assez restreint pour que l'intelligence de chacun des députés suffise à embrasser l'ensemble et les détails ; — ainsi en était-il à peu près à Athènes; — aussi à St.-Marin.

Mais quand il s'agit d'une nation de plusieurs millions d'âmes, il n'en saurait être de même; — des divisions territoriales naturelles, des différences d'origine, de tempérament; — des climats, des travaux, et par conséquent des intérêts divers la partagent en groupes naturels qui doivent se subdiviser eux-mêmes jusqu'au groupe assez petit pour qu'un administrateur puisse en saisir non-seulement l'ensemble, mais les détails jusqu'à l'individualité ; — tandis que ceux qui président aux divisions supérieures ont pour unique fonction de surveiller dans leurs rapports mutuels, d'administrer les intérêts communs aux groupes d'ordre inférieur.

En France, car en cherchant notre voie dans la philosophie des principes, c'est toujours la réorganisation de notre pays que nous avons en vue, cette division est faite en communes, cantons, arrondissements, départements : — qu'elle soit parfaite, nous ne le pensons pas ; est-elle si mauvaise qu'il faille tout démolir pour reconstruire à neuf? — A un pareil bouleversement des habitudes prises, des droits acquis, des intérêts engagés, n'y aurait-il pas plus d'inconvénients que d'avantages? — L'assemblée de Versailles s'est posé la question. — Dans le premier feu de la réorganisation rêvée, entrevue, avec une arrière pensée monarchicoaristocratico-cléricale excusable après l'énivrement du succès inespéré du huit février, on s'est demandé si on ne modifierait pas la division départementale. — Mais pour le faire, il aurait fallu un patriotisme ferme et désintéressé, des études approfondies sur l'organisation actuelle du pays, sur celle des autres nations, sur la philosophie, l'économie politique et sociale ; — l'intelligence des conditions de la société moderne, des relations non-seulement politiques mais sociales des groupes naturels ; — des principes et des théories, etc., beaucoup de choses qu'avait la grande Constituante de 1789, mais qui faisaient absolûment défaut à l'assemblée de 1870. — C'était une bien grosse affaire pour ces gens-là : — C'eût été certes un curieux spectacle, n'eut été le danger, que celui d'une assemblée incapable en deux ans de faire une loi viable, ramassis de hobereaux dévots, ignares et vaniteux, de bourgeois riches et niais, capables de tout pour devenir quelque chose, ayant tous ou presque tous jusqu'à la rage, la peur du nouveau et de l'inconnu: — or l'inconnu, c'est tout pour eux ; le nouveau c'est tout ce qui n'est pas eux ; — C'eût été curieux de voir cette assemblée, je devrais dire ce rassemblement d'eunuques oser entreprendre de tailler à sa guise dans la France comme en plein drap : heureusement pour nous, et pour elle peut-être, que cette pauvre assemblée, fille de la défaite et de l'effarement ne se sentait pas trop légitime ; — quand il s'est agi de toucher aux œuvres vives de la France, elle a vu se dresser devant elle la grande ombre de la Constituante et s'est aplatie dans son néant : — elle a bien fait. Si la division actuelle de la France n'est pas parfaite, tant s'en faut, elle est acceptable et surtout facile à ramener à un plan général rationnel. — Voilà d'ailleurs quatre-vingts ans que nous sommes habitués à nos communes, nos cantons, nos départements ; — nos intérêts sont engagés, nous y tenons ; — le mieux est de respecter ce qui est, et de tirer de ces divisions le meilleur parti possible.

—

Avant d'aller plus loin, mesurons le chemin fait, ne craignons pas de revoir de temps en temps nos jalons ; — Pardonne-moi, une fois pour toutes, lecteur, de répéter sans cesse les mêmes choses : mon livre y perd très-certainement comme valeur littéraire, ce qui m'importe peu, n'ayant nulle prétention de ce côté ; mais j'y gagne de ne pas te laisser perdre de vue les principes fondamentaux d'où tout doit dériver, de te faire constater la filiation des idées, leur enchainement logique, ce qui m'importe beaucoup.

I. — La société est faite pour l'individu, les individus.

II. — L'individu qui s'associe se réserve, et ne

se le réservât-il pas, il a naturellement et sans pouvoir l'aliéner, le droit d'intervenir le plus possible dans la direction des affaires communes.

III. — Cette intervention ne peut avoir lieu que par délégation.

IV. — Une grande nation doit nécessairement se diviser en groupes qui se subdivisent eux-mêmes.

V. — La tendance naturelle à l'homme et aux groupes humains étant d'absorber le plus possible d'action et de puissance, la proportion entre les éléments constitutifs doit être telle, que la réunion de deux ou trois groupes inférieurs suffise à leur permettre la lutte contre l'élément supérieur dans le cas d'envahissement d'attribution par celui-ci.

VI. — Chaque ordre de groupes devant son existence à des intérêts où chaque individu à sa part, doit avoir sa délégation particulière.

Je ne crois pas avoir besoin de prouver la vérité de ces deux dernières propositions ; — ce sont des vérités de La Palisse.

Il n'est guère possible non plus de constater celle-ci :

VII.—Plus le groupe est petit, plus il se rapproche de l'individualité, plus il permet, par conséquent, à l'individu l'intelligence des intérêts rattachés à ce centre, l'intervention, la surveillance directe.

D'où cette conclusion :

VIII. — Toute question dont la solution par le groupe inférieur ne peut compromettre le groupe supérieur doit être laissée à la décision du groupe inférieur ; — décision et exécution s'entend.

IX.— Le groupe supérieur n'a le droit d'intervenir dans les affaires du groupe inférieur qu'autant que ses intérêts peuvent se trouver directement engagés par la décision prise.

Ces deux dernières propositions qui sont la même sous deux formes différentes, répétées pour plus d'insistance et de clarté, constituent toute la formule de la Décentralisation.

III

Les principes posés, entrons dans la pratique.

Le groupe communal doit-il être conservé ? — Il a contre lui le peu d'importance que présentent la plupart des communes qui ne trouvent en elles-mêmes ni assez de ressources financières pour avoir une existence indépendante, ni assez d'électeurs ayant une valeur personnelle, offrant des garanties de bonne administration, soit pour permettre de leur confier le soin des affaires communales, soit pour leur demander d'envoyer des délégués, au canton par exemple.

En effet, d'après le recensement de 1866 on comptait en France :

16,701 communes ayant moins de 500 habitants: — de 40 à 166 électeurs (1). — 11,554 communes ayant moins de 1,000 habitants : — de 166 à 333 électeurs. — 6,512 communes ayant moins de 2,000 habitants : — de 333 à 666. En tout 37,548 communes ; dont 34,767 ont moins de 2,000 habitants. —C'est un effritement qu'il faut tendre à diminuer le plus possible en provoquant des réunions de communes.

Remarquez que sous cette formule « moins de 500 habitants » où l'on a cru, mal à propos, devoir s'arrêter dans l'exposition des chiffres inférieurs du recensement se cachent d'autres chiffres bien plus éloquents : Combien de communes de moins de 400, de 300 habitants ? — il y en a en France qui n'ont pas plus de cent âmes. — Dans mon département, le seul sur lequel je puisse avoir des renseignements détaillés, il y a dix communes sur 316 ayant moins de 300 habitants : — Il y en a une qui descend à 213. — Le Doubs renferme 499 communes de moins de 500, — donnant 116,970 habitants : — la moyenne est de 234 : — quel doit être le minimum ?

Des circonstances atténuantes plaident pour la

(1) Je compte du quart au tiers :—selon la population, les mœurs, la fortune, cela varie.

conservation de la division communale ;—d'abord, en fait, les habitudes prises, les intérêts engagés. — Au point de vue théorique, par le petit nombre de ceux qui la composent, la commune vient se mettre à portée de l'individu pour lui faire son éducation publique, ce qui est un avantage énorme selon nous : — Le résultat en est bien peu de chose aujourd'hui, parce que les délibérations des conseils municipaux ne portent que sur des choses insignifiantes et sont de simples formalités ; les communes étant en réalité administrées par les préfets sous le couvert des maires ; — mais que le budget communal soit augmenté de façon à permettre au Conseil municipal de manier un peu d'argent, de placer bien ou mal ses revenus sur ses chemins, sa maison d'école, etc., vous verrez peu à peu, ne fût-ce que par esprit de jalousie, l'électeur prendre intérêt à ces affaires qu'il comprendra être les siennes ; — sâchant qu'il n'a plus de recours à espérer à une autorité plus élevée contre les agissements de ses élus, il les surveillera lui-même, leur cherchera querelle s'il y a lieu, les changera quand les élections viendront, et, par l'intelligence de cette petite vie communale que quelques années de liberté suffiront à rendre extrêmement active, il en viendra à comprendre le système d'administration du pays entier ; il se sentira grandir en saisissant par quelle filière aussi il peut, si humble soit-il, faire sentir sa part d'influence jusqu'au centre; — il deviendra alors, en un mot, ce qu'il est bien loin d'être aujourd'hui, ce que nous voulons qu'il soit : un citoyen.

La division en communes sera donc conservée; — au moins à titre de subdivision du canton, il devra lui être laissé une petite vie personnelle comme Ecole primaire d'éducation politique.

Le conseil municipal serait nommé au suffrage universel; le maire choisi par le conseil.

Les attributions ne peuvent être bien étendues; — réparer et créer les chemins et les bâtiments communaux, surveiller l'école, exprimer les vœux qui sont transmis au conseil cantonal. — c'est peu de chose; c'est assez dans une commune rurale (1) pour développer la vie publique; — aujourd'hui

(1) Le lecteur s'étonnera peut-être de nous voir toujours nous placer au point de vue de la commune rurale, du canton rural. — La raison en est que l'élément rural constitue l'immense majorité de la France ; que la France est et doit être avant tout rurale, — l'agriculture étant la principale source de sa fortune ; — sur 37,548 communes, 36,337 sont, d'après le recensement de 1866, considérées comme rurales, 12,111 seulement comme urbaines : — La proportion de la population rurale serait de 70 p. 0/0. — En réalité elle est supérieure à ce chiffre. — D'ailleurs, arrivées à un certain développement, les villes (communes) deviennent des cantons, puis se décomposent en plusieurs cantons, acquièrent ainsi une importance qui demande une règlementation particulière, qu'il n'est pas dans notre plan de chercher. — sur 37,548 communes on compte à peine 186 villes de plus de 10,000 âmes — chiffre sur lequel on compte 75 villes de 10,000 à 15,000. — soit 113 de plus de 15,000.

la commune n'existe pas: — donnons-en la preuve.

Dans ma petite commune sur le budget de l'année dernière. on est, par un procédé quelconque arrivé à ce résultat qu'il y a un reliquat absolument libre de cinq francs; — cinq francs qui viennent de nous; — parcelle de la bribe très-minime que le gouffre central veut bien nous laisser sur nos gros impôts; — ils sont à nous; — bien à nous.

D'autre part, sur un de nos chemins très utile, très fréquenté nous avons une fondrière due à ce qu'un petit pont s'est crevé; un quartier de pierre de taille de cinq francs suffirait à remettre les choses en état: — Je ne parle pas des charrois, du travail manuel que nous ferions nous mêmes volontiers, ce qui, remarquez-le en passant, vaudrait une vingtaine de francs (en nature) d'aggravation de charges. — Le conseil municipal, les habitants sont unanimes... Eh bien! dis-tu, lecteur, vous avez les cinq francs, marchez: — qu'attendez-vous?

Halte-là! — il ne faudrait pas t'imaginer que la chose soit aussi simple que cela; — au fond de la feuille du Budget communal je trouve la note suivante:

« Autorisons....... sans pouvoir excéder ces allocations *ni disposer de la somme restant libre* qu'après en avoir obtenu l'autorisation. »

Signé: le PRÉFET.

Pour employer ces cent sous, hélas! bien nôtres, nous payons assez cher le droit de les considérer comme tels (1) nous devons adresser une demande d'autorisation à Monsieur le Sous-Préfet, lequel, d'ici à une quinzaine de jours ou un mois transmettra l'affaire au préfet. Le préfet, dans un délai de un à deux mois (ceci varie avec le préfet, les bureaux, les élections, le gouvernement etc), nous répondra que puisqu'il s'agit d'un chemin, il faut l'avis de l'agent-voyer de l'arrondissement; — celui-ci, — selon que le chemin est classé, ou non, etc., etc, — et tout cela pour aboutir souvent à un refus qui nous est fait de l'autorisation demandée; — pendant ces allées et venues d'ailleurs, il est tombé deux ou trois abats d'eau, le dommage s'est considérablement aggravé, ce n'est plus cinq francs qu'il faut, c'est cent francs; et alors où allons-nous?

En résumé, nous ne pouvons porter une pierre dans les fondrières de nos chemins, mettre une truellée de mortier dans une lézarde de notre mairie, faire quoi que ce soit qui ne regarde

(1) Les rôles généraux des quatre contributions directes de la commune de Paulhiac (canton de Monflanquin) pour l'année 1871, s'élèvent à la somme de 10,657 p. 54 c. sur lesquels il est laissé pour les dépenses de la commune la somme dérisoire de 851 fr. 90 c. — dont il faut retrancher 24 fr. 84 c. — pour frais de perception — quid des contributions indirectes???

que nous et ne peut compromettre personne, avec notre argent, et notre travail, à nos risques et périls, sans être autorisés de sous-préfet, préfet, agent-voyer de l'arrondissement, architecte de l'arrondissement et parfois du ministre lui-même !

Ce qui dépasse l'absurde et arrive au ridicule.

—

Analysons. — Le Conseil municipal peut mal administrer; — d'accord. — Il peut ainsi faire faire de mauvaises affaires à la commune et, si cela va trop loin, engager le canton ; — soit. Quest-ce que cela peut faire au ministre ou au préfet ? — La seule conclusion rigoureuse est qu'il faut donner un droit de surveillance à ceux qui courent les risques, soit aux habitants de la commune et du canton. — Rien n'est plus facile.

D'abord les électeurs. — Une loi générale sera promulguée pour toute la France, conçue en ces termes, ou à peu près.

« Dans toutes les communes dont le budget ne dépasse pas cinq mille francs les séances du Conseil municipal sont publiques.

« Le budget reste à la mairie à la disposition de tout électeur qui demande à l'examiner ou à en prendre copie.

« Dans toutes les communes dont le budget est supérieur à cinq mille francs et inférieur à vingt-cinq mille, le budget sera imprimé ou autographié à un nombre d'exemplaires égal à celui des conseillers municipaux, puis celui des plus forts imposés, plus un nombre égal à celui de ces deux chiffres réunis: — soit, pour plus de clarté, étant donné un conseil municipal de 23 membres ; — vingt-trois exemplaires distribués au conseillers municipaux ; — vingt-trois aux plus forts imposés : — quarante-six seront distribués aux personnes qui auront fait inscrire à la mairie leur demande signée.

« Dans les villes dont le budget est supérieur à vingt-cinq mille francs et inférieur à cent mille, le nombre des exemplaires attribués à ceux qui en font la demande sera triple de celui fixé plus haut.

« Dans les villes dont le budget est supérieur à cent mille francs le nombre des exemplaires distribués au public sera décuple de celui fixé plus haut. »

De cette façon tout citoyen qui voudra se rendre compte de l'état des finances communales le pourra : — Nous aurons des chances pour ne plus voir, comme aujourd'hui où tout reste dans l'ombre, un maire sur un crédit de 30,000 fr, faire allouer plus de quatre mille francs pour un chemin qui conduit chez lui, mais est à peu près inutile à tout autre que lui et ses métayers.

Il faut encore veiller à ce que le canton ne soit pas engagé à son insu par une commune en vertu de la solidarité qui existe nécessairement en lui pour toutes les communes qui le composent ; — ici encore la législation est bien simple.

Le Budget communal est tous les ans présenté au conseil cantonal qui n'a ni à l'approuver ni à l'improuver, mais simplement à vérifier l'état des finances de la commune.

La commune a le droit de sa propre volonté, sans l'autorisation de qui que ce soit, d'emprunter jusqu'à concurrence d'un capital dont le revenu à cinq p. 0/0 ne dépasse pas le quart du revenu communal; avec, bien entendu, l'intervention des plus forts imposés : soit, comme exemple : — une commune a quatre mille francs de revenu annuel ; — elle peut emprunter 20,000 fr. sans que nul ait rien à y voir.

Pour un emprunt plus élevé elle doit obtenir l'autorisation du conseil cantonal.

Par cette autorisation demandée et donnée, le conseil cantonal acquiert le droit de contrôler le budget de la commune, budget qui n'est définitif qu'après approbation du Conseil cantonal. Ce droit cesse avec le retour de la dette au chiffre normal.

Si les dettes de la commune viennent à dépasser

en revenu le quart du budget communal sans autorisation du conseil cantonal, le maire et le conseil municipal sont révoqués par le conseil cantonal et déclarés civilement et solidairement responsables du surplus ; le conseil cantonal reste libre de provoquer de nouvelles élections ou de mettre la commune en tutelle jusqu'au paiement intégral de la dette.

La suspension, la révocation du maire, du conseil municipal d'une commune dépend du conseil cantonal.

Tous ceux des pouvoirs préfectoraux vis à vis des communes qu'on croira devoir conserver passent au conseil cantonal.

Le conseil municipal d'une commune se réunit quand il lui plait sur la convocation du maire.

Le maire est tenu de convoquer le conseil municipal sur une demande signée du quart des conseillers.

Le conseil municipal peut révoquer son maire; un rapport des motifs doit en être fait au conseil cantonal.

Le conseil municipal est dissous sur la demande signée du quart des électeurs inscrits ; cette demande est adressée au conseil cantonal qui en prononçant la dissolution provoque, à bref délai, de nouvelles élections.

Le conseil municipal est nommé pour trois ans;

il ne peut être dissous deux fois dans cette période, sur la demande des électeurs.

Tu protestes, lecteur. — Je m'y attendais bien : — quoi ! diras-tu, ne pas même conserver les dépenses obligatoires, les gardes-champêtres imposés aux communes par le préfet en vue des élections, les commissaires de police, et les impôts établis d'office malgré des conseils municipaux unanimes pour réparations à des églises neuves etc. La commune libre est maîtresse, non seulement de dépenser ce qui lui conviendra, comme elle l'entendra, mais même de ne dépenser que ce qu'elle voudra !

Je te l'ai déjà dit, le principe que Rousseau a, non pas inventé, mais formulé, le principe de l'Etat partout, de l'Etat tout, d'autorité, de centralisation a empoisonné la France, toi compris, y compris surtout, et c'est là le pire, la plus grande partie des républicains : ils ne voient pas que les circonstances qui ont exigé de la Constituante l'abus de la centralisation, de l'autorité sont son excuse, et que si la Constituante, la Convention elle-même resuscitait, elle changerait ce principe de dictature utile et même nécessaire alors pour celui de la liberté, de la décentralisation qui est non moins utile, non moins nécessaire aujourd'hui.

Réfléchis et réponds à cette question :

Une commune rurale agissant dans sa pleine

liberté , commettant dans son administration toutes les fautes possibles, peut-elle apporter un trouble, si léger soit-il dans la marche gouvernementale? — Non évidemment.

Dès lors que viennent faire chez nous ce préfet, ces agents gouvernementaux? Qu'ils se mêlent de leurs affaires, nous ferons les nôtres sans eux aussi bien et probablement mieux; il faut avoir grande envie d'entraves pour supporter une pareille immixtion : — Je vais plus loin, et dis qu'une commune surveillée par le canton dans les conditions indiquées ci-dessus ne saurait même engager le département, et que dès lors la surveillance du canton suffit. — Or nous sommes convenus que nous n'accepterions d'entraves que le strict nécessaire; — Nous consentons donc au contrôle du conseil cantonal comme nécessaire et repoussons absolûment tout autre intervention dans nos affaires communales : — Charbonnier est maître chez lui.

IV.

Montons un échelon; c'est le canton. — Une réunion de deux à quatre mille électeurs constitue déjà un groupe important comme action, comme budget possible, comme ressources de personnel délibérant et dirigeant, comme éléments sérieux de délégation au département ou ailleurs. Les rouages n'en sont pas moins très-simples, les intérêts peu compliqués quoique sérieux, et à la portée de tous : le nombre des citoyens est assez restreint pour que l'on puisse, s'il y a lieu, sous l'impulsion d'une nécessité vivement sentie, se chercher, se réunir, s'entendre pour arriver à une action commune et efficace dont la direction ait été arrêtée avec l'intervention directe de tous les citoyens. — Une réunion publique de tous les électeurs du canton est possible ; c'est presque l'idéal d'une petite République.

Si nous bâtissions en terrain neuf, nous aurions arrêté là la division de la France ; — au niveau de ce qui est aujourd'hui le canton, nous aurions constitué le premier degré de l'échelle Self-administrative ; nous aurions voulu voir ce groupe porter ce nom de commune qui nous rappelle les dures et incessantes luttes de nos pères : — Malheureusement le mal est fait, ce vieux nom qui nous tient au cœur s'est perdu dans le misérable effritement auquel nous devons une bonne part de notre impuissance, et dont la centralisation avait besoin pour se maintenir.

Le Canton est si bien l'élément démocratique par excellence, indépendant par nature, que, par suite de cette instinct de conservation qui défend les êtres conventionnels comme les êtres réels, jamais gouvernement monarchique n'a consenti à lui constituer une existence réelle ; — sans budget, sans assemblée délibérante, sans action, le canton est un mot et rien de plus. — C'est sur lui que doit reposer l'œuvre de reconstitution de la France.

Avant tout, il faut instituer une assemblée cantonale ; on a déjà proposé la création de conseils cantonaux qu'on voulait composer comme suit : — le Conseiller général, le Conseiller d'arrondissement, le maire du chef-lieu de canton, le juge de paix, etc. — c'est une sotte manie que nous avons en France de vouloir fourrer partout ceux qui sont déjà quelque part.—Eh ! bonnes gens ! — Si vous voulez être démocrates, faites une bonne loi contre le cumul des places tant honorifiques que lucratives, tâchez de satisfaire le plus d'ambitions possible, et ne dressez un pavois à personne ; —ce sont là les principes de la démocratie.

Le conseil cantonal serait composé d'un nombre de membres que nous pouvons fixer entre vingt et quarante d'après des règles à chercher, et que nous ne pouvons même étudier : — il faudrait avoir le maximum extrême et moyen, le minimum extrême et moyen, la moyenne du nombre des communes composant les cantons, chiffres que je n'ai pas sous la main.

Les conseillers cantonaux seraient nommés par le suffrage universel ou par les conseils municipaux ; de préférence par le suffrage universel.

Le conseil cantonal choisirait dans son sein un

maire de canton qui ne pourrait cumuler ces fonctions avec celles de maire d'une commune;— Pour éviter toute confusion on pourrait lui chercher un autre nom ; — consul par exemple.

Un point délicat à règler et très-important, c'est le rôle qui serait attribué au maire de canton. — sera-t-il simplement l'agent exécutif du conseil cantonal, exclusivement administrateur?—en relation au-dessus de lui uniquement avec le conseil départemental ? — touchera-t-il à la politique ? — devra-t-il être en rapport direct avec l'agent gouvernemental séant au chef-lieu de département ? — dans ce cas, ne serait-il pas utile qu'il fût choisi par celui-ci sur une liste de trois membres présentée par le conseil cantonal ?

La France étant considérée comme un tout constitué par des cercles concentriques de plus en plus rapprochés du centre, il faut évidemment un cercle où les rayons partis du centre, (gouvernement) et ceux venant de la circonférence, (communes), viennent à se rencontrer ; — ce point, ce sera-t-il le canton dans la personne du maire de canton choisi par le gouvernement parmi les élus du suffrage universel? — question grave, très-grave ; — la solution dépendra de la manière dont les législateurs concevront le rôle des divers cercles, de leur volonté préconçue de faire pencher la balance du côté du centre ou du côté des extrémités. — Pour nous, individualistes, qui tendons à diminuer le plus possible l'action du gouvernement central sur les groupes inférieurs, nous laisserions volontiers la nomination du maire de canton au conseil cantonal, et reculerions jusqu'au département le point où devront se croiser l'action du gouvernement et celles des groupes secondaires. — Nous ne pouvions néanmoins nous dispenser de poser la question ici.

Le conseil cantonal se réunit quand et comme il l'entend sur la convocation du maire; — celui-ci est tenu de réunir le conseil cantonal dans les huit jours sur une demande signée du quart des membres composant le conseil.

Le maire de canton est nommé pour un an seulement; il est révocable, soit par le conseil cantonal, soit par le conseil général.

Le maire de canton aura-t-il autorité sur les maires des communes composant le canton? — Lui serait-il adjoint une commission exécutive? — Questions délicates et graves que la pratique seule pourra définitivement juger; — la loi qui constituera la division administrative de la France devra être révisée cinq ans, dix ans au plus après qu'elle aura été promulguée.

Quelles seront les attributions du conseil cantonal? — le détail ne saurait en entrer ici: — mais les limites pour les établir sont très-simples: — toutes les affaires qu'il peut mener à bien, parmi celles auxquelles la commune a dû renoncer. —

Il suffit qu'un groupe ait la possibilité de faire en tout ce qui a trait à ses intérêts collectifs pour en avoir le droit ; — la surveillance même n'appartient qu'à ceux qu'il peut directement engager.

Posons la question comme nous l'avons fait plus haut.

Un canton rural, agissant dans sa pleine liberté, commettant dans son administration toutes les fautes possibles, peut-il apporter le moindre trouble dans sa marche gouvernementale ? — non, — de toute évidence.

Nous repoussons donc absolument toute intrusion d'un agent gouvernemental quelconque dans nos affaires cantonales : — de même que nous avons accepté pour la commune la surveillance du canton, nous accepterons le contrôle du département sur le canton parce que le département a un droit résultant de ce fait qu'il pourrait se trouver engagé.

Les mêmes précautions seront donc prises que vis-à-vis de la commune ; — le budget cantonal sera selon son importance, imprimé ou autographié à un nombre d'exemplaires qui en permette la distribution aux conseillers municipaux des communes composant le canton, aux plus forts imposés et à un nombre indéterminé d'électeurs qui en feraient la demande.

Le budget cantonal serait d'autre part présenté au Conseil départemental qui vérifierait l'état des finances du canton.

Je crois inutile de répéter ici tout au long la législation exposée plus haut à propos des conseils municipaux: — Je prie le lecteur de se reporter à la page 79. — Les droits des conseils départementaux vis-à-vis des conseils cantonaux sont exactement les mêmes que nous avons réservés à ceux-ci sur les conseils municipaux.

V.

La commune et le canton importants comme éléments de la constitution générale du pays, en dehors desquels il n'y a pas de démocratie réelle possible, n'en sont pas moins au point de vue administratif des groupes secondaires: — au point de vue politique, ils n'existent pas, en ce sens qu'il ne sont pas appelés en tant que groupes à intervenir dans le choix des personnages directement politiques. (1)

Immédiatement après, selon nous, vient le dé-

(1) L'arrondissement est un rouage condamné depuis longtemps, inutile et ruineux, même avec la centralisation qui donne aux agents du gouvernement la surveillance des communes: avec un système qui supprime toute ingérance du gouvernement dans la commune et qui remet la surveillance du canton au conseil départemental que pourrait-il rester à faire à un sous-préfet? et, celui-ci supprimé, quelle lacune entre le canton et le département, l'arrondissement a-t-il à combler?

partement, groupe avant tout administratif aussi, mais trop important pour ne pas demander la présence d'un agent du gouvernement central, agent essentiellement politique, qu'il soit nommé uniquement par le gouvernement ou choisi par lui sur une liste présentée par le conseil départemental.

L'assemblée départementale que nous sommes habitués mal à propos à désigner sous le nom de conseil général, se compose actuellement d'un conseiller général par canton, nommé par le suffrage universel.

Nous pouvons à la rigueur admettre que l'électeur, quel qu'il soit, est capable, avec beaucoup de bonne volonté, de se rendre compte de la valeur d'un homme habitant son canton, des besoins de son département etc, nous accepterons donc la nomination des conseillers départementaux par le suffrage universel.

Vu l'importance beaucoup plus grande que nous donnons au conseil départemental, il nous paraîtrait nécessaire de doubler le nombre des conseillers. — Le minimum est aujourd'hui de vingt (Ariège), ce qui est insuffisant; —il s'élèverait à quarante.— Le maximum est de soixante (1) (Nord), il

(1) Il y a bien la Corse qui a 62 cantons : — mais il suffit de considérer les chiffres suivants : cantons 62. — Communes 362. — habitants 259,861, — pour comprendre que la Corse doit-être remaniée, le nombre des cantons diminué.

deviendrait cent-vingt; — ce qui n'a rien d'exagéré. — Les chiffres qui viennent immédiatement après sont cent-deux (Seine-Inférieure,) puis quatre-vingt-seize.

La surveillance serait établie de la même manière: un exemplaire du budget distribué à chaque commune; — un à chaque conseiller cantonal; — deux cents, trois cents, cinq cents exemplaires mis à la disposition du public.

D'autre part, surveillance venant d'en haut d'après les mêmes principes qui nous ont dirigés des conseils communaux aux conseils cantonaux, et de ceux-ci aux conseils départementaux.

Les attributions, comme précédemment, ne seraient limitées que par la puissance: — elles deviendraient extrêmement importantes au point de vue local: — par son étendue, le nombre de ses subdivisions et sa valeur budgétaire le département, en même temps qu'il a des intérêts très-graves et très-variés, est très-susceptible de beaucoup de puissance. — Je n'en veux citer qu'un exemple; — l'instruction primaire.

Bien des gens ont demandé que le choix de l'Instituteur soit laissé aux communes; est-ce possible? — d'abord, à moins d'un grand hazard, les conseils municipaux ne peuvent guère connaître les instituteurs qui sont disponibles: qu'ils aient un droit de surveillance, une influence sur le changement, la révocation, l'avancement de l'instituteur qu'ils ont, qu'ils connaissent, ceci est légitime; mais c'est tout ce qu'ils *peuvent.*

D'autre part, vous voudriez de bons instituteurs : — un bon instituteur est un homme probe, instruit, laborieux, zélé; — supposer qu'un homme ayant ces quatre qualités, — et pauvre, va entreprendre le métier très-pénible et très-ingrat de dégrossir de jeunes rustres, s'enterrer définitivement dans une commune rurale à peu près sauvage par pur dévouement, c'est verser dans l'utopie : — si vous voulez des instituteurs sérieux, il faut faire de ce métier une carrière sérieuse avec un avancement sérieux qui dépende de la valeur personnelle et des services rendus : — il faut pour cela une hiérarchie, par conséquent des vues d'ensemble partant d'un centre, la possibilité pour ceux qui dirigent de donner des postes bons ou mauvais selon les mérites ; — le canton ne dispose pas de ressources pécuniaires suffisantes pour fonder une école normale ni de places assez nombreuses, assez variées pour constituer aux instituteurs une hiérarchie sérieuse, un avenir désirable : — le département le peut.

Le département qui compte le moins de communes en France (sauf la Seine), celui des Bouches-du-Rhône en a cent-sept : — en tenant compte des écoles multiples de Marseille et des chefs-lieux d'arrondissement, c'est un minimum de cent-cinquante places d'instituteurs : — c'est assez pour fonder une école normale, pour établir une longue échelle à gravir pour les méritants. — En vertu du principe posé par nous que le groupe inférieur a droit de faire tout ce qu'il peut, — puisque le département peut organiser l'instruction primaire il l'organisera : — sauf les lois générales sur la matières auxquelles il sera soumis, il sera dans son action à ce sujet, libre et maître absolu chez lui.

Appliquez cette règle à toutes les affaires dont le département peut parfaitement venir à bout seul, vous verrez son rôle se développer, son importance devenir grande, assez peut-être pour qu'il doive s'organiser comme un petit gouvernement ; les affaires seraient divisées non pas par ministères, le mot serait un peu ambitieux, mais par directions, soit finances, voies de communication, instruction publique, etc., en tête de chacun de ces services serait placé un membre du conseil départemental sérieusement indemnisé, responsable vis-à-vis du conseil et formant avec ses collègues la commission départementale permanente, véritable pouvoir exécutif.

Mais le gouvernement ? dira-t-on. — Il y aurait, comme aujourd'hui dans chaque chef-lieu de département un fonctionnaire nommé préfet, ou plutôt sous-préfet, chargé de mettre le département en rapport avec la région et le gouvernement central, au point de vue politique, ayant mission de veiller à ce que les lois générales soient partout observées, surveillant la marche de toutes les affaires qui ressortissent au gouvernement, armée, postes, chemins de fer, etc., — étant sur tous ces points en correspondance directe avec les maires de canton, etc. — Il lui resterait certainement encore assez de besogne pour lui donner une importance très-suffisante.

VI.

Tu respires, lecteur : — nous voici enfin, penses-tu, arrivés au gouvernement central ; — méfie-toi de Rousseau, je te l'ai déjà dit : nous n'en sommes pas encore là, tant s'en faut. — Tu te demandes avec effroi, après tout ce que nous avons donné à la commune, au canton, au département, ce qu'il pourra bien rester au pouvoir central ; c'est justement le souci inverse qui me tourmente : — j'estime qu'il lui reste encore beaucoup trop d'affaires.

De nos départements, nous sautons aujourd'hui brusquement à l'unité centrale : — la distance est bien grande : — quatre-vingt-neuf départements, ce n'est pas une division, c'est un morcellement : entre les deux termes il n'y a aucune proportion ; — d'un côté, un groupe de quatre cent mille habitants en moyenne, de l'autre un gouvernement qui commande à trente-huit millions d'âmes ; l'équilibre n'est pas possible : il en résulte qu'à vrai dire, le département n'existe pas en tant que groupe de citoyens; c'est une expression géographique.

Au point de vue politique, grâce à ce morcellement, la France entière est absolument à la merci de Paris: l'histoire est là pour le prouver,—qu'il s'agisse d'une émeute, d'un coup d'État ou d'une invasion, qui tient Paris, tient la France; — et la résistance contre qui tient Paris est absolument impossible, condamnée d'avance à la défaite,—le deux décembre suffirait à le prouver. — Que ce système ait été adopté par la Constituante de 1789 qui devait avant tout chercher une forte unification de provinces à peine françaises encore, prêtes à se séparer et à se déclarer indépendantes, qui pour arriver à ce but devait les morceler; donner à chaque parcelle des intérêts différents et en cas de besoin rester sans difficulté maîtresse partout: qu'il ait été accepté par le régime monarchique où tout vient aboutir à un seul individu, pivot autour duquel tout tourne, roi ou empereur, qui craint qu'un fétu ne bouge quelque part sans sa permission; — je le comprends: — la centralisation des pouvoirs, l'affaiblissement des groupes excentriques, c'est une conséquence logique du gouvernement monarchique, c'est l'un des éléments du système. — C'est que les rois depuis l'autocrate de Russie jusqu'à la reine nominale d'Angleterre, savent fort bien que tout système monarchique est faux, injuste, que tous les peuples gravissent plus ou moins vite vers la République démocratique à laquelle ils aboutiront nécessairement : — ils ont un vague sentiment de ce fait que République, individualisation, décentralisation sont des idées connexes; — autant qu'il est en eux ils annihilent les extrémités au bénéfice du centre ; — s'ils pouvaient éviter toute division ils le feraient ; ne le pouvant, ils arrêtent le groupement assez tôt pour que la première individualité constituée soit si faible, qu'elle ne puisse en aucun cas lutter contre le centre.

Ce sentiment, cet instinct est si profond chez les rois que, à suivre l'histoire de nos quatre-vingts dernières années, quand nous voyons toujours la province soutenir tous les gouvernements l'un après l'autre et l'un après l'autre tous les gouvernements attaqués, renversés par Paris ; — Il semble qu'il y aurait eu là une indication pour les monarques de fortifier la province pour s'appuyer sur elle contre Paris ; — et cependant aucun roi n'a voulu le faire : c'est que les avertissements de l'instinct sont toujours les plus forts et l'instinct de la conservation les avertit ; leur fait comprendre le vrai sens des émeutes parisiennes ; — il savent que ce qui les renverse, ce n'est pas Paris-Capitale, mais Paris-Groupe : — que Paris plus intelligent, plus individuel, plus impatient du joug se révolte sans cesse, non pas, n'en déplaise aux ruraux aveugles parce qu'il veut imposer sa volonté au reste de la France, mais parce qu'il veut s'affranchir en tant que groupe individuel des milles entraves que tous les gouvernements veulent lui imposer sous prétexte qu'il est la capitale ; — de là, des éclairs non moins lumineux qui éclatent par moments partout où une grande agglomération produit une puissance, les rois. ont facilement conclu à ce qu'il adviendrait d'eux avec une organisation régionale sérieuse : — ils tombaient grâce aux Parisiens; — mais dans leur exil ils rient et se moquent de nous non sans raison ; tant que la centralisation reste debout, la monarchie doit fatalement nous ressaisir : — le jour où nous aurons organisé les libertés communales la monarchie aura vécu.

Nous qui voulons établir définitivement la République démocratique, nous qui parlons de liberté ne nous y trompons pas plus que ne le font les rois : — Philosophiquement, c'est l'individualisme qui doit dominer, politiquement l'excentricité, si je puis employer cette expression. — Il faut, si nous ne voulons pas laisser le terrain prêt à une nouvelle restauration monarchique procéder à une large décentralisation, et, pour l'assurer, sous peine de rendre inutile tout ce que nous aurions obtenu jusqu'à présent pour la commune, le canton, le département, ne jamais perdre de vue le Ve principe formulé à la page 70.

V. La tendance naturelle à l'homme et aux

groupes humains d'absorber le plus possible d'action et de puissance, la proportion entre les éléments constitutifs doit être telle que la réunion de deux ou trois groupes inférieurs suffise à leur permettre la lutte contre l'élément supérieur dans le cas d'envahissement d'attributions par celui-ci.

Il faut donc instituer un cercle nouveau, — la Région,—trop faible pour créer jamais un danger à l'unité nationale (une et indivisible) si une velléité de résister à l'ensemble s'y faisait sentir, ce qui est peu probable, — assez forte cependant, réunie à un ou deux groupes de son ordre, pour ne plus subir la loi de la capitale quand un bouleversement s'y produit ; — offrant, quand il y a lieu, un centre de résistance sérieux contre le Deux Décembre, l'invasion ou la Commune, selon les circonstances.

J'ai dit « pour ne plus subir la loi de la capitale : »— hélas ! rien ne prouve mieux jusqu'à quel point les préjugés impriment leur cachet jusque dans le langage de ceux même qui protestent le plus énergiquement contre eux : la loi, aurais-je dû dire, de ceux qui tiennent la capitale sous leur genou ; car, c'est là un fait bien remarquable que je ne puis m'empêcher de constater d'avance non sans mélancolie, l'idée que j'émets ici, non le premier, tant s'en faut, de l'organisation régionale, trouvera, a trouvé déjà plus d'adhérents à Paris qu'en province :—Paris, que son privilége de capitale oppresse, étouffe, anéantit en tant que groupe, ne demande que de se voir rogner le lourd manteau de pourpre qui l'écrase ; — la province, inconsciente de sa situation semblable à l'enfant auquel sa nourrice ôte ses lisières pour la première fois, s'effare, croit sentir le sol trembler sous ses pas et redemande à grands cris ses entraves.

—

Au point de vue administratif, ce morcellement de la France est si bien une absurdité, une gêne extrême, même pour la facilité du rayonnement partant du centre qu'aucune administration, ou peu s'en faut, ne l'a accepté

Note bien ce fait, ami lecteur, car il est une des meilleures raisons que je puisse donner à l'appui du système régional : Toutes les administrations qui ont été libres de le faire ont, par des réunions de plusieurs départements, créé des régions analogues à celles que nous demandons : — Malheureusement, aucun plan d'ensemble ne présidant à cette formation, chacun agissait à sa guise, dans sa voie particulière, selon ses convenances spéciales, parfois selon le caprice d'un grand chef. — De là est résulté cet abominable embrouillamini de divisions qui rend l'administration de la France un mystère aussi effroyable qu'incompréhensible,

Monstrum horrendum, informe, ingens.....

pour les hommes politiques eux-mêmes, alors que sous le régime du suffrage universel, le plus naïf des électeurs devrait, pour peu qu'il voulût s'en donner la peine, saisir facilement en quelques minutes, tout le mécanisme administratif du pays, voir les relations des diverses divisions entre elles, en suivre d'un coup d'œil la marche ascendante de sa petite commune jusqu'au pouvoir central.

Remarquez bien que rien n'est plus simple : — il suffit de vouloir bien adopter un plan d'ensemble et de contraindre toutes les administrations à organiser leurs services d'après ce plan : — je dis contraindre, car toutes vont jeter les hauts cris et déclarer que la chose est absolument impossible, — grâce à l'obscurité qui règne dans tous ces enchevêtrements administratifs il y a bien des abus que le personnel existant a intérêt à sauvegarder.

Le gouvernement qui entrera dans cette voie aura besoin du

Robur et æs triplex

du poëte : — il devra lutter contre une force d'inertie dont la puissance est incommensurable, qui ne pliera pas d'une ligne, dira oui au dehors et fera non dans l'ombre, qu'on ne pourra vaincre et qu'il faudra briser à force de patiente énergie ; — tâche ardue, ingrate, où plus d'un dévouement s'épuisera, et qui devra cependant être impitoyablement poursuivie, car là, et là seulement, nous trouverons l'établissement définitif de la République démocratique, la garantie de nos libertés, la régénération de la France.

—

Une vue synoptique fera mieux ressortir que tous les raisonnements la différence de ce qui est à ce que nous demandons, et les avantages de cette simplification :

Aujourd'hui, comment la France est-elle divisée au point de vue des principaux services administratifs ?

Politique,	89	départements.
Justice,	28	divisions.
Instruction publique,	18	—
Guerre,	22	—
Gendarmerie,	26	—
Remonte,	9	—
Archevêchés,	19	—

Supposez maintenant l'adoption du chiffre de vingt régions, et que toutes les administrations fassent concorder leurs services avec cette division.

Politique,	20 préfets	89 sous-préfets.
Finances,	20 receveurs génér.	89 receveurs départ.
Instruction publique,	20 recteurs	89 inspect. d'Académie
Justice,	20 Cours d'appel	89 Trib. de 1re instance

Et ainsi du reste.

Voyez comme tout s'unifie, se simplifie dans la marche du pays. — Alors qu'aujourd'hui le Président de la République lui-même, si intelligent, si habitué aux affaires que vous le supposiez, n'est pas capable de surveiler, de saisir l'ensemble des services; avec la division Régionale, le plus ignorant de nos paysans, pourvu qu'il ne soit pas absolument idiot, pourra facilement s'en rendre compte avec une demi-heure d'attention.

—

Le système Régional adopté, en combien de Régions convient-il de diviser la France ? — Ce n'est pas à un pauvre hère de paysan perdu dans les bois, sans renseignement d'aucune sorte, ou peu s'en faut, qu'il appartient d'être affirmatif sur une aussi grosse affaire, nous le savons ; — si nous nous permettons de formuler une division, c'est uniquement parce que la fixation d'un nombre, une limitation précise matérialisent davantage notre idée, rendent plus facile à nos lecteurs et à nous-mêmes la vue d'ensemble du système, l'étude des questions qui s'y rattachent.

Une Chambre constituante elle-même, à moins de mandat spécial, d'instructions précises reçues des électeurs, ne nous paraît pas avoir le droit de créer des Régions : — il faudrait consulter les intéressés, c'est-à-dire les départements, groupe immédiatement inférieur.

Une circulaire serait adressée aux conseils généraux et les inviterait à répondre aux questions suivantes :

« Êtes-vous d'avis que la division en Régions soit « avantageuse au pays ?

« En combien de Régions vous paraît-il que la « France devrait être divisée ?

« Quels sont les départements auxquels, selon « vous, il conviendrait que le vôtre fut réuni ? — « Répondez en supposant à part la réunion avec « un, avec deux, trois, quatre et cinq départe- « ments.

« Quel devrait être le chef lieu de la Région dans « le cas d'association avec un département ? — « quel, si avec deux ? quel, si avec trois ? etc.

« Quels sont sommairement, les motifs qui vous « font désirer l'union avec les départements dési- « gnés par vous ? »

Avec ces renseignements, ces vœux, une commission de l'Assemblée constituante pourrait arrêter un projet qui serait discuté publiquement. Entre la deuxième et la troisième lecture, peut-être serait-il bon de demander l'avis motivé des conseils généraux sur le plan projeté.

Si nous consultons le tablau ci-dessus nous voyons que les quatre administrations principales qui ont agi en toute liberté, au mieux de leurs affaires particulières, donnent les chiffres suivants.

Justice,	28.
Guerre,	22.
Ecclésiastique	17.
Instruction publique,	18.

Prenons la moyenne. — Le nombre de vingt Régions nous paraît le plus convenable, y compris l'Algérie et l'Alsace qui sera redevenue Française avant dix ans.

Du reste, nous le répétons, une assemblée constituante elle-même ne pourra résoudre ce problème qu'après une enquête approfondie, d'autant plus que des difficultés ne manqueront pas de se produire par la compétition de certaines villes au rang de chef-lieu régional.

On trouvera à la fin de cette livraison un tableau de la division de la France en vingt Régions telle que nous la comprenons.

—

La région constituée, il s'agit de former un conseil régional. — Quel serait le nombre des conseillers régionaux ? — Un nombre fixe, le même pour toutes les régions, quitte à distribuer entre les départements au prorata de la population ? — Un nombre variable avec les régions, mais le même pour chaque département, quelle que soit la différence qui peut exister comme population entre les départements composant la région? — ce serait peut-être le système le plus juste,—le plus difficile aussi dans la pratique, comme répartition entre les diverses parties du département, si on les faisait nommer par les électeurs; le plus facile par contre, si on les donnait à choisir aux conseils départementaux. — En prendrait-on un par canton? — Nous y pencherions volontiers : Le minimum, d'après notre division (voir au tableau), serait de 103 (Lille); — le maximum de 222 (Marseille) — L'écart est assez grand, un peu plus du double: moins grand cependant que celui qui existe en ce moment pour les conseils généraux; car l'Ariège a vingt conseillers, la Corse soixante-deux; plus du triple.—Le plus grand défaut de ce mode serait que certains départements compteraient au conseil régional un nombre de représentants parfois plus que double de celui qui reviendrait à un autre département de la même région. — Ainsi dans la région de Montpellier les Pyrénées Orientales ont dix-sept cantons, l'Aveyron en a quarante-deux, beaucoup plus du double; — d'autre part, ce serait un grand avantage que d'attirer l'attention du canton sur la région, de surexciter les ambitions et les compétitions dans un milieu aussi petit, de fournir aux capacités cantonales un poste déjà très-important, et vers lequel le conseil de département serait comme un acheminement. — C'est un problème à étudier et que la pratique seule peut-être pourra résoudre définitivement. — Si nous ne laissions rien à faire, nous, électeurs, à la sagacité de nos législateurs, ce ne serait pas la peine d'en nommer ; — c'est déjà fort honnête de notre part que de leur mâcher le morceau ; à eux de le digérer.

Quel sera le mode de nomination, le suffrage universel, le suffrage restreint, les conseils généraux? — Pour ne pas interrompre la suite de notre exposition nous renvoyons sur ce point à un chapitre spécial sur le suffrage.

Quant aux attributions, c'est toujours la même règle qui nous guiderait. — Tout ce que la région peut faire entre les choses que le département a reconnu ne pas lui être possibles, elle le fera.

Ainsi, comme exemple, (sous toutes réserves, car selon moi le département pourrait s'en charger), l'Instruction intermédiaire, degré qui devrait être créé entre l'instruction primaire qui appartient au département et l'instruction secondaire qui revient au gouvernement.

Les Routes dites nationales et qui deviendraient Régionales; les chemins de fer d'intérêt local.

Les hôpitaux spéciaux pour la région (aliénés, épileptiques) ; la prison régionale, etc..

Ici se place une observation: nous avons dit

que les diverses administrations se conformeraient à la division par régions. — Il est bien entendu que les administations qui pourraient se réduire à un centre régional, le feraient. — Ainsi une prison centrale par région servirait la région entière; — Ainsi l'État renoncerait absolument à s'occuper en quoi que ce soit des haras, comme en général de toutes les choses agricoles, chaque région ferait sous ce rapport ce qui lui conviendrait. — Le rôle du Gouvernement se bornerait en toutes les matières régionales à veiller à ce que les lois générales de la République fussent observées partout, et ces lois seraient le moins nombreuses possible.

Pour ceci le gouvernement serait représenté au chef-lieu de la rêgion par un Préfet, personnage important qui aurait la haute main sur les sous-Préfets départementaux et sur les chefs de service réunis au chef-lieu régional; — ceux-ci, — Procureur général, — premier Président, — Général commandant la région. Recteur régional, etc. constitueraient sous la présidence du Préfet un conseil gouvernemental chargé de veiller à l'observation des lois générales dans la région, lequel pourrait avoir droit de veto suspensif sur les décisions du conseil régional et des conseils départementaux; — les conflits seraient soumis à l'Assemblée nationale ou à la chambre haute.

Une question qui se pose ici, et qu'on résout

d'habitude tont autrement que nous, est celle-ci: — Le Préfet dans la région, le sous-Préfet dans le Département seront-ils chefs du pouvoir exécutif?

Si le sous-Préfet était choisi par le gouvernement, comme nous le voudrions sur une liste présentée par le conseil départemental, il pourrait jouer ce rôle ; sinon, non : — à fortiori pour le Préfet régional. — Les conseils régionaux sont, en ce qui les regarde, maîtres de décider et par conséquent maîtres d'exécuter comme ils l'entendent, sauf le veto purément suspensif dont nous venons de parler: leur imposer le Préfet venu de l'extérieur comme chef de leur commission exécutive alors que ce préfet peut ne pas leur convenir, peut être en dèsaccord formel d'opinion avec eux, est abusif au plus haut degré, c'est chercher, comme à plaisir, des occasions de conflit; ce qui se passe en ce moment même (septembre 1872) dans plusieurs départements, le démontre surabondamment.

Le Préfet doit se tenir en dehors du conseil régional et à côté: il a droit d'assister aux séances, comme le sous-Préfet à celles du conseil départemental, il y a voix consultative, mais c'est tout.

La commission exécutive régionale sera comme celle du Département, divisée en directions, Finances, Voies de communication etc., ayant chacune à sa tête un membre du conseil régional, sérieusement indemnisé et responsable vis-à-vis du conseil qui peut le révoquer à sa volonté.

Selon les règles tracées plus haut, le budget régional sera publié et distribué à un grand nombre d'exemplaires : — il sera soumis à l'Assemblée nationale qui devra vérifier l'état des Finances de la région : — le conseil régional peut être dissous par l'Assemblée nationale ; dans ce cas des élections nouvelles doivent avoir lieu à bref délai.

Une question très grave vient se poser ici d'elle même. Bien que nous n'ayons pu nous dispenser de placer dans la région, vu son importance, un fonctionnaire purement politique, le Préfet, — dans le département un agent mi-politique, mi-local, le sous-Préfet, il n'en est où pas moins vrai que, sauf le cas exceptionnel se produit, ce qui deviendra de plus en plus rare, un de ces faits intérieurs graves qui menacent l'avenir d'un pays tout entier, — une révolution ou un coup d'état, — toutes les assemblées que nous avons constituées jusqu'ici ont un caractère uniquement administratif ; — leur action politique est nulle ; — leur influence le sera-t-elle aussi ? leur permettra-t-on des vœux politiques ? — En les contraignant à suivre en ceci une voie hiérarchique, en exigeant que tout vœu, politique ou non, d'un conseil municipal soit adressé au conseil cantonal, ceux des conseils cantonaux aux conseils généraux, ceux des conseils départementaux aux conseils régionaux et ceux des conseils régionaux à l'Assemblée nationale et jamais au Gouvernement, tout danger d'une immixtion inoportune de nos asssemblées provinciales dans la politique se trouverait écarté: elles pourraient être considérées comme exclusivement locales et administratives.

VI.

De braves gens ont souvent déjà, sous les diverses monarchies que nous avons subies, parlé de décentralisation et demandé toutes sortes de réformes tendant à émanciper la province: — proposer une décentralisation sérieuse à la monarchie, en France du moins, dénote de très-bonnes intentions, mais implique une forte dose de naïveté; — je dis en France surtout; — Ailleurs, en effet, les monarchies héréditaires s'appuient sur une ignorance spéciale de la dignité humaine qui leur constitue un prestige, peuvent décentraliser et même trouver dans une décentralisation bien-combinée de nouvelles forces; mais pour cela il faut être un peu Grand Lama; — En France, tout prestige a depuis longtemps disparu; l'esprit essentiellement positif et gouailleur de la nation, ses tendances égalitaires innées, ont fait justice de cette superstition particulière qui met comme une auréole au front d'un imbécile ou d'un coquin sous prétexte qu'il est né ici plutôt que là ; — aussi la situation y est toute autre. — Fondée sur un principe faux, injuste, contradictoire à la nature humaine, sacrifiant les droits de la masse des citoyens à la volonté d'un seul individu, au bon plaisir de quelques privilégiés, ne comptant pas par conséquent sur les sympathies réelles de la nation entière et ne pouvant cependant se maintenir sans un point d'appui, la monarchie est amenée à diviser la nation en deux parts dont l'une lui sert à opprimer l'autre; — mais pour qu'une part du peuple donne un appui sérieux à un système absurde, injuste, il faut qu'un mobile puissant l'y pousse, qu'une nécessité l'y contraigne ; — ce mobile qui peut amener un grand nombre d'hommes à concourir à une œuvre qu'ils sentent mauvaise, ne peut être que vil et bas: — l'argent; — la nécessité doit être de premier ordre; — le pain pour soi et les siens.

Ne pouvant compter sur la masse des citoyens dont les droits, s'ils étaient revendiqués, entraînent sa condamnation, la monarchie constitue un Etat dans l'Etat ; — l'Etat administratif, l'armée des employés qu'il tient dans sa main, *in manu*, parce qu'elle leur donne et mesure le pain quotidien et l'avancement. — Pour que le nombre des hommes rivés au gouvernement par la faim soit assez considérable pour lui fournir un point d'appui sérieux et porte son action dans les plus petits recoins, il faut une centralisation excessive avec un rayonnement poussé à l'extrême; — toute impulsion part du centre, et rien ne peut se faire aux extrémités que le centre ne soit intervenu; — pas un des actes de la vie publique qui ne soit confié à un être inféodé, enchaîné par le pain quotidien; c'est là tout le système de la centralisation monarchique.

Aussi, en dehors de l'armée des cinq-cent-mille employés qui dépendent du Gouvernement, combien voyons-nous dans la nation de citoyens touchant aux affaires publiques?

Au dessus des conseillers municipanx dont les attributions sont à peu près nulles, nous trouvons environ trois-mille conseillers d'arrondissement que nous ne devrions même pas mentionner, car leur existence n'est qu'une mauvaise plaisanterie, rôle nul jusqu'au ridicule, inacceptable pour tout homme ayant le sentiment de sa dignité: — si bien que parmi nous, Républicains, consentir à une candidature au Conseil d'arrondissement dans les cantons où il importait d'affirmer l'existence et l'autorité du parti, a toujours été considéré comme un acte de dévouement.

Il y a trois mille conseillers généraux et trois ou

quatre cent députés, la plupart de ceux-ci cumulant les deux fonctions, et c'est tout.

Sur une nation d'environ dix millions d'électeurs, cela ne fait pas même un citoyen sur trois mille mêlé aux affaires publiques.

Pour la République, *(res-publica)* la chose de tous, le meilleur moyen de se maintenir en prospérité, c'est de poursuivre la vérité, la justice pour tous ; — d'appeler à participer aux affaires le plus grand nombre de citoyens possible ; plus est grand le nombre de ceux qui comprennent les affaires publiques, les dirigent, les surveillent, plus le gouvernement laisse aux citoyens eux-mêmes de responsabilité, plus il se consolide et assure ce que la monarchie poursuit en vain, la tranquillité du gouvernement central et la stabilité des institutions.

Alors que la monarchie consentait avec peine à ce qu'un citoyen sur trois mille mît la main aux affaires locales, — et dans quelle mesure ridicule à force d'être restreinte ! — avec la décentralisation telle que nous la voudrions constituer nous avons les chiffres suivants : à deux conseillers cantonaux par commune, 75,000 conseillers cantonaux environ ; — à deux conseillers départementaux par canton : — 6,000 ; — conseillers régionaux — 3,000. —

ce qui, avec les députés et les conseillers d'État, nous donne un chiffre total de 84,500 citoyens prenant à des degrés divers leur part de responsabilité dans les affaires publiques, locales et générales : — soit un sur cent environ.

Quelle différence dans l'énergie de la vie publique !

Etant donné un homme sérieux, intelligent, instruit, ayant, acquise par lui, ou due à l'hérédité, une fortune suffisante pour qu'il puisse consacrer tout son temps aux affaires publiques, s'il a, comme c'est son droit, et, ne vous déplaise, son devoir, cette ambition légitime qui consiste à vouloir se créer une situation publique honorable par des services rendus, — aujourd'hui quel chemin voit-il s'ouvrir devant lui ? — Le Conseil d'arrondissement ? — Je l'ai déjà dit, s'il s'agit d'un homme sérieux, il ne saurait accepter un pareil rôle.

Le Conseil général, et c'est tout.

Mais dans chaque canton il n'y a qu'un conseiller général ; et dans chaque canton vous trouvez cumulées sur la même tête toutes les petites fonctions locales dont la multiplicité devrait servir à intéresser aux affaires publiques le plus grand nombre de citoyens possible.

Ordinairement le même individu est dans un canton rural, conseiller municipal, maire du chef-lieu, conseiller général, membre du Bureau de Bienfaisance, président de ci, président de là, de tout ce qui existe ; — un seul est tout, les autres rien ; — c'est là un corollaire naturel de la monarchie ; mais rien n'est plus anti-démocratique.

Avec l'organisation proposée par nous, en déclarant, cela va sans dire, les fonctions représentatives absolument incompatibles entre elles, vous aurez dans chaque commune, ce qui n'existe pas aujourd'hui, deux conseillers cantonaux; situations enviées, disputées ; — dans la plus petite commune, quatre ou cinq citoyens au moins se mettront au courant des affaires du canton pour se rendre dignes de l'élection ; et le canton est déjà assez important pour être un degré sérieux de l'éducation publique : — Au conseil cantonal ils seront forcément amenés à étudier les affaires du degré immmédiatement supérieur, du Département ; — par l'organisation élective des conseils cantonaux et par elle seule, vous arriverez à percer cette épaisse couche d'ignorance rurale qui seule rend possibles les plébiscites et les monarchies.

Le conseiller cantonal d'ailleurs, une fois parvenu là, voit s'ouvrir devant son ambition une voie qu'il peut suivre plus ou moins loin selon son intelligence et son zèle, mais adéquate à sa valeur personnelle quelle qu'elle soit, sans avoir à solliciter une faveur quelconque du gouvernement, — par le libre suffrage de ses concitoyens, suffrages que peuvent seuls lui mériter son dévouement aux intérêts publics, et les services rendus.

Le canton fournit deux conseillers départementaux, fonctions déjà fort sérieuses par les attributions que nous entendons donner au Conseil départemental ; — un conseiller régional, situation très-élevée et très-importante pour laquelle la compétition serait très-vive entre les hommes du canton ayant quelque valeur personnelle ; — de là rèsulterait pour le canton une intensité de vie publique que l'état actuel des choses ne permet même pas de soupçonner.

Insisterai-je ? — Ferme les yeux, lecteur, et figure-toi ce que serait la vie publique rurale après quinze ans d'un pareil régime ; — tu te dis démocrate, c'est-à-dire que tu veux le gouvernement par le peuple, par le plus grand nombre, le plus grand nombre c'est nous, les paysans, nous qui produisons le pain, le vin, la viande, la laine, etc., etc., nous qui payons la plus grande part des impôts directs, et un bon morceau des impôts indirects, qui faisons les routes et les chemins, qui faisons les monarchies et défaisons les Républiques, etc.

Que ceux qui font de la démocratie sur les boulevards et ne voient que l'ouvrier, la questiou ouvrière, ne s'y trompent pas et méditent profondément les chiffres suivants, déjà cités par nous mais que nous ne saurions trop répéter.

Il y a en France (Recensement de 1866) 37,548 communes ; sur lesquelles 36,337 sont les communes rurales, c'est-à-dire ont moins de 2,000 habitants : ceux-là seuls sont démocrates, qui veulent donner la vie politique à la campagne; — Ceux-là seuls aussi sont intelligents de l'avenir; — car, le passé est là pour les instruire, ils doivent l'avoir bien compris aujourd'hui, Paris fait la République, mais la campagne la défait, et le paysan défera toujours la République, tant que la République de fait et non de nom ne sera pas venu le trouver dans son canton rural.

Changer le nom du gouvernement central n'est rien. — C'est la vie publique de la nation entière qu'il faut transformer ; — or pour nous, cantons ruraux (26,471,716 âmes ; — 70 0/0 de la population), République ou monarchie, c'est tout un jusqu'à présent ; — et peut se résumer en deux mots : — Supporter la plus grande part des charges, n'avoir aucun droit.

Il ne faut pas vouloir mettre le vin nouveau dans les vieilles outres.

—

Ferai-je remarquer que la création de centres régionaux importants diminuerait la plethore intellectuelle qui tient en ébullition continuelle le sang dans les veines de Paris : l'anémie intellectuelle qui anéantit la province : —Aujourd'hui tout jeune homme ambitieux, intelligent et pauvre part pour Paris ; — qui pourrait l'en blâmer ; là seulement il peut arriver : — un livre de Bordeaux, un tableau de Toulouse, une statue de Lyon, etc., tout cela est aujourd'hui ridicule, et moi, paysan perdu au fond des bois, je dois, sous peine de le voir mort-né même pour mes concitoyens du département faire imprimer à Paris cet opuscule, plaidoyer en faveur de la province.

Un volume suffirait à peine à étudier les modifications profondes et avantageuses qu'une large décentralisation apporterait dans la vie intérieure de la France : — Qu'une dernière remarque me soit permise : — Grâce à la centralisation effrénée qui nous étouffe et attire tout dans le gouffre des villes et de Paris surtout, nous perdons une quantité énorme d'activités prêtes à remplir tous les rôles.

Dans les campagnes, beaucoup d'hommes intelligents et riches renoncent forcément à la vie publique dans laquelle ils pourraient rendre de grands services ; — il n'y a pas de place pour eux ; — Aussi presque tous ceux qui peuvent le faire, abandonnent les champs, vont dépenser dans la vie mondaine et petite des grandes villes une activité à laquelle de meilleures institutions trouveraient facilement un emploi utile. — A Paris, avec les jeunes gens qui meurent dans les mansardes misérables, inconnus, désespérés parce qu'ils ont trouvé les chemins encombrés, il y a de quoi fournir aux dix-neuf autres chef-lieux régionaux une élite capable de leur donner un vif éclat.

III.

I.

Nous nous sommes jusqu'à ce moment occupés non de la France prise dans son ensemble, mais de ses divisions et subdivisions au point de vue local et administratif.

L'échelle ascendante que nous avons suivie, nous amène à considérer l'association entière prise dans son ensemble, la nation, le corps politique. — Nous avons à étudier la constitution non plus d'une assemblée locale administrant d'après des lois émanées d'ailleurs, mais d'un pouvoir administrateur sans doute, lui aussi, pour les intérêts communs à l'ensemble, mais surtout chargé au nom de tous d'édicter les lois, les règles qui fixeront les diverses subdivisions de la nation, les attributions de ces groupes, leurs relations entre eux et avec le gouvernement central, les rapports de celui-ci soit avec les groupes composants, soit avec les associations voisines.

Nous arrivons, en un mot, à la politique : car si l'administration est la gérance des intérêts matériels de la nation, la politique plus complexe et plus haute comprend trois choses :

1° L'organisation des rapports directs ou indirects des citoyens avec le pouvoir central. (Constitution et législation politique.)

2° La pratique, la marche facile ou difficile des rouages établis, (Gouvernement exécutif intérieur.)

3° Les relations avec les associations voisines (Politique Etrangère).

Préoccupons-nous donc maintenant de constituer le pouvoir politique.

Ce pouvoir a trois grandes fonctions intérieures.

1° (Constituant, législatif.) Faire les lois qui règlent soit les rapports moraux des individus et des groupes avec le centre, (lois politiques) ; soit les rapports matériels des groupes avec les individus, entre eux, ou avec le Gouvernement, (lois administratives) ; soit les rapports des individus entre eux, (lois de droit commun).

2° (Exécutif, intérieur.) Exécuter et faire exécuter les lois qui ont trait à ses relations avec les individus et les groupes...

3° (Judiciaire.) Veiller à ce que, quelles qu'elles soient, les lois soient obéies, punir l'infraction à ces lois.

Le pouvoir judiciaire quoique rentrant forcément en partie dans les attributions du pouvoir politique est considéré comme d'une nature particulière, confié à une catégorie spéciale de citoyens, et soustrait le plus possible aux influences politiques, pour des motifs graves, faciles à comprendre et sur lesquels nous aurons à insister ailleurs.

Le pouvoir législatif et le pouvoir exécutif sont seuls politiques.

Une nation est une association d'individus, les lois sont les conventions faites entre eux qui règlent leurs rapports mutuels : — Une convention n'a évidemment de valeur réelle qu'autant qu'elle a été discutée et votée par les intéressés, ceux qui doivent lui être soumis. — Les lois doivent donc théoriquement être discutées et votées par tous les associés : mais tous les associés ne peuvent pas concourir à la confection des lois : les uns parce qu'ils sont trop jeunes pour être considérés comme capables de délibérer (mineurs); d'autres parce que leur sexe (femmes) ou un état particulier, (idiots, fous, interdits,) les fait également supposer incapables; — d'autres enfin pour avoir été déclarés indignes.

Ceux qui sont admis capables ne le peuvent eux-mêmes parce qu'il y a à cet exercice de leur droit des obstacles matériels insurmontables, dépendants de la nature humaine, ainsi le nombre : — Dix millions d'électeurs, c'est le cas de la France, ne peuvent évidemment discuter ensemble une loi; — Ils délèguent donc pour une certaine période de temps à un certain nombre d'entre eux le pouvoir législatif dont ils ne peuvent user eux-mêmes, ainsi que le soin de veiller à l'exécution des lois votées.

Ces délégations peuvent être faites par divers procédés, ce qui dépend de l'organisation du suffrage des citoyens, sujet qui sera étudié plus loin.

II.

Les deux pouvoirs législatif et exécutif peuvent être constitués de plusieurs manières, énumérons-les.

Une chambre de représentants nommés par les citoyens pour un temps fixé, choissant elle-même dans son sein un pouvoir exécutif (conseil de ministres, directoire, conseil d'Etat (1) qu'il dépend d'elle de changer à sa volonté.

C'est le despotisme collectif et à temps.

La Chambre actuelle de Versailles quoique mitigée, Dieu merci, par une forte opposition et un Président de la République qui n'en fait qu'à sa tête parce qu'il se sent appuyé du pays entier, nous fait entrevoir ce que pourrait devenir un pareil régime : ce serait le despotisme, d'autant plus impi-

(1) C'est le nom que porte en Suisse le pouvoir exécutif.

toyable que la responsabilité semble diminuer à mesure qu'elle s'étend, chacun déclinant sa part en son particulier et accusant le corps entier des actes despotiques qu'il a votés, mais dont seul il n'eut jamais osé prendre la responsabilité.

Tous les moines ont promis, disaient nos ancêtres, mais le Chapître n'est pas engagé.

Quel est celui de mes lecteurs qui n'a pas vu au nom d'une administration quelconque un bon et honnête employé molester, martyriser les gens malgré lui et commettre des actes de rigueur dont pour rien au monde il n'eut voulu charger sa conscience s'il eut agi en son nom personnel ?

Quand il s'agit de discuter, de délibérer, de légiférer, il faut donner cette mission à des corps le plus nombreux possible ; dès qu'il s'agit d'exécuter, d'agir, il importe de restreindre, de personnaliser, le plus possible la responsabilité.

J'ai dit : « à temps », et en ceci j'ai été naïf ; en effet, une chambre nommée ainsi, sans contre-poids d'aucune sorte, maîtresse absolue, puisqu'elle tient en main les services publics, serait libre de prolonger son mandat autant qu'il lui plairait ; — libre, elle aurait à sa disposition et à ses ordres la force armée, de traiter. comme cela a été fait au 2 décembre 1851, en révoltés, en insurgés, ceux qui, la loi à la main, essaieraient de lutter contre ses envahissements ; — elle se perpétuerait à sa volonté et ne disparaîtrait, si elle le voulait, que par un coup d'Etat ou une révolution, tout au moins qu'après avoir, par des lois et des décrets conçus dans ce but, assuré son impunité et préparé le terrain soit à sa réélection, soit au retour d'une tyrannie individuelle fondée en apparence sur la volonté nationale, en réalité sur l'insigne violation, la négation de tous les droits primordiaux : elle serait libre, en un mot, de faire rentrer la France dans cette sombre voie des émeutes et des révolutions dont la République seule, sérieusement comprise, nous arrachera, où nous nous débattons depuis quatre-vingts ans et qui peut se caractériser en deux mots: le massacre et la déportation en masse périodiques.

Ceux qui peuvent conserver quelques doutes à cet égard n'ont qu'à regarder ce qui se passe en France aujourd'hui 14 juillet 1872, jour anniversaire de la prise de la Bastille; — qu'ils se demandent si le fait de n'avoir qu'une chambre unique et souveraine ne nous accule pas en ce moment dans une impasse, qu'ils demandent aussi quelle fin ils prévoient à tout ceci autre qu'un coup d'Etat du Président de la République; — si la mort de M. Thiers ne serait pas le signal de déchirements analogues à ceux de la convention, d'une effroyable guerre civile dont la forme républicaine, bien innocente en ceci, hélas! serait rendue responsable par la masse du pays : — et si la conclusion ne serait pas un nouveau bail de vingt ans passé avec le premier despote venu.

Despotisme pour despotisme, pour moi la question n'est pas douteuse; je préfère de beaucoup le despotisme d'un seul à celui d'une assemblée ; — en violant les lois par un deux décembre, celui-là s'est mis hors la loi et il le sait, il est non seulement légitimement mais *légalement* hors la loi, tuable à vue comme une bête fauve; il suffit d'un homme énergique et d'une balle bien dirigée pour vous en délivrer : — il sent suspendu sur sa tête cet admirable vers que Victor Hugo a mis dans la bouche de la conscience :

Tu peux tuer cet homme avec tranquilité.

Si le jour du deux décembre 1851 ; — mais, que dis-je, il n'y a pas là de doute possible; — si même le jour de la lâcheté de Sedan un Français indigné avait tué le misérable drôle qui venait de vendre son armée sans conditions autres presque que de réserver ses fourgons,et qu'échappé à la vengeance du moment il se promenât aujourd'hui librement dans Versailles, cette chambre elle-même oserait-elle lui faire son procès? — J'en doute.

La tyrannie d'une assemblée ne peut-être secouée que par un coup d'état d'un pouvoir exécutif, et c'est là pour la nation un jeu bien dangereux, ou par une révolution, c'est-à-dire en exposant non seulement la vie de beaucoup de braves gens, mais encore l'honneur, la fortune, le pain d'un grand nombre de famillles.

Que la convention n'ait pu sauver la France que gràce à sa souveraineté absolue, je le reconnais ; — que sa dictature ait été par conséquent nécessaire, soit ; — qu'une dictature analogue puisse être utile aujourd'hui encore, comme alors, en temps de guerre à outrance ou de violente crise intérieure, je l'accorderai encore, non sans peine cependant ; —mais cela ne saurait excuser l'établissement d'une convention dans un temps normal ; — c'est le régime des temps normaux que nous cherchons ici ; — la nécessité des temps de crise ne saurait excuser une tyrannie individuelle ou collective en temps normal, pas plus que le droit de tuer son semblable par nécessité de légitime défense ne saurait excuser l'assasinat.

III.

Autant en dirai-je, et ici je regette vivement d'être en désaccord avec beaucoup de mes coréligionaires, autant en dirai-je du système qui remet à la chambre le choix dans son sein d'un président de la République révocable ; — la situation est absolument la même que dans le cas précédent, sauf qu'un ministre qui n'a rien à faire que régner, comme un simple roi constitutionnel, joue ici le rôle de cinquième roue d'un carrosse ; —De même que dans un couvent les nonnes choisissent pour supérieure la plus simple d'esprit, la plus faible de caractère d'entres elles, la chambre devra choisir, l'attitude de M. Thiers nous en donne aujourd'hui la preuve la plus évidente, l'homme le plus insignifiant, le moins capable de traverser ses desseins, afin de rester, les formes sauvées, aussi absolument maîtresse que si elle était le seul pouvoir.

Que si par hasard, sous la pression de l'opinion publique, ou pour tout autre motif, le Président élu était un homme énergique, et qu'un conflit s'élevât, que pourrait il faire puisque sa révocation dépendrait de la chambre? — la valeur personnelle aurait pour unique résultat un moment de lutte, d'inquiétude pour le pays, — bien mal à propos, puisque la solution légale serait fatale et ne saurait être modifiée que par une illégalité ; — autant une agitation modérée et pratique est utile, nécessaire même parfois, quand il s'agit de tenir l'esprit public en éveil, de lui poser une question dont la solution lui appartient en dernier ressort et ne peut par conséquent être prévue, autant est mauvaise et malsaine l'agitation stérile, dans le vide, n'ayant pas un but, produite par un fait, un conflit; — dont la conclusion formellement fixée par la loi, indiscutable par conséquent, peut, si elle déplait au peuple qui ne considère que le cas actuel, entraîner une révolution par cela même qu'elle est marquée d'avance et qu'il ne peut, bien qu'il sente son droit de juge en dernier ressort, intervenir pour le charger.

C'est toujours le principe de J. J. Rousseau que nous retrouvons ici: — commun du reste à toute la race latine ; — Ceux qui préconisent une seule chambre sont encore des étatistes, des autoritaires, leur rêve, c'est, au nom de l'ensemble, sous le couvert, la garantie, la surveillance de l'élection une autorité forte, irrésistible contre laquelle rien ne puisse s'élever ni lutter ; — à peu de chose près, l'empire avec ses sept millions de suffrages ; — j'ai dit à peu de chose près ; — en effet, qu'on dise « l'Etat, c'est le monarque, » ou bien « l'Etat, c'est la chambre, » peu importe ; en somme, c'est toujours le despotisme — En haine de la monarchie ce sera un despotisme collectif que nous aurons, mais, tout compté, un despotisme, et selon nous, le pire de tous. — La liberté dont beaucoup parlent, dont tous croient être les fervents adorateurs, au fond ils s'en soucient comme d'un zeste ; — intervenir dans le choix du tyran collectif, voilà à quoi se réduit leur idéal ; — supprimez le mot collectif, vous avez tout simplement, j'insiste sur ce point, le vote qui a fait l'Empire omnipotent, le plébiscite qui l'a confirmé.

Parlerai-je de l'organisation des pouvoirs adoptée

en 1848.—Une chambre élue par le peuple, un président élu par le peuple. — C'est là une des grosses fautes commises par les Républicains de 48 ; bien grosse et bien durement expiée par nous, car c'est à elle que nous devons en grande partie la possibilité du coup d'état et ses suites. *Certes, et c'est ce qui devrait faire fortement réfléchir aujourd'hui, les Républicains d'alors quand ils jetaient ce nœud coulant autour du cou de la République ne doutaient pas plus de la justesse de leurs théories sur l'organisation des pouvoirs.que ceux de nos jours ne doutent des leurs.*

Il ne fallait cependant pas être un aigle pour prévoir ce qui arriverait ; — je me rappelle que mon père qui n'était pas un grand politique, tant s'en faut, mais qui avait le sens commun, dès que le système fut adopté, nous annonçait et le conflit et le coup d'état et le despotisme comme inévitables et résultant fatalement de la constitution elle-même. — Mettre en face l'un de l'autre deux pouvoirs puisant la même autorité dans la même origine, c'est évidemment les appeler à la lutte ; quant à savoir à qui restera la victoire, ce ne saurait non plus être douteux ; — c'est l'éternelle fable du serpent à plusieurs têtes ; — pendant que la chambre discute, bataille, tatonne, — l'autre, n'ayant qu'un but, qu'une volonté, marche sans hésitation et s'assure une victoire d'autant plus facile, si on a soin comme en 1848 de lui laisser en main la force armée : — Quand le président est un prince, ce qui arriverait habituellement en France, en remettant l'élection présidentielle au suffrage universel direct, la conséquence peut-être considérée comme absolument inévitable.

IV.

Si, comme nous le faisions remarquer tout à l'heure la race latine est dévorée du poison autoritaire, ce n'est pas là son seul défaut ; — elle en a un second tout aussi grave, corrollaire et conséquence du premier ; — l'Idolomanie, si je puis m'exprimer ainsi, l'engouement, à l'état chronique, la manie de chercher quelqu'un ou quelque chose à mettre sur le pavois, à adorer ; — Louis XIV ou Napoléon ; — Aujourd'hui M. Thiers, demain Gambetta. — En ce moment, dans le parti Républicain, c'est le peuple qui est l'idole ; — nous tombons littéralement dans la démolatrie ; — De ce que tout doit être fait pour tous, c'est-à-dire pour le peuple, nous tirons cette conclusion que tout doit être décidé par lui ; — qu'il sait tout, connait tout, peut tout juger ; — nous ne voulons qu'une formule : — « le peuple a parlé, le peuple a voté, » inclinons-nous et adorons, conclusion de tous les fétichismes.

Le peuple! c'est bientôt dit; — Autrefois on disait: le Roi! c'était bientôt dit aussi. — Nous, dont aucun prestige impérial ou religieux n'a jamais obscurci la vue, permets-nous, ô peuple! méprisé des uns sans justice, déifié par les autres sans raison, de ne pas nous laisser éblouir par ta majesté, laisse-nous, et c'est à ce signe que tu reconnaîtras tes vrais amis, t'étudier, te discuter, chercher en toi et pour toi ce qui, en somme, t'est le plus avantageux, ce qui vaut mieux que toutes les adorations irréfléchies, la justice et la vérité.

La vérité, dure à digérer pour les hommes d'idéal, toujours prêts à juger la masse d'après eux, mais qu'il faut cependant reconnaître sous peine de s'abandonner à cette variété spéciale d'égoïsme qui consiste à se bercer de rêves malsains, quelque beaux qu'ils soient, parce qu'ils sont nuisibles dans la pratique, — la vérité, c'est qu'un peuple est un être collectif, participant dans son ensemble aux qualités et aux défauts de ceux qui les constituent; — plus ou moins apte à se conduire lui-même selon qu'il renferme, en plus ou moins grande proportion, les hommes et les brutes, les instruits et les ignorants; être vivant, composé comme l'homme lui-même de deux éléments, l'esprit et la matière, si vous voulez leur donner un nom, la science et l'ignorance; la morale et les appétits; l'intelligence et l'instinct; — c'est de la lutte éternelle de ces deux électricités que résulte le progrès qui est la victoire chaque jour plus complète de l'intelligence sur l'instinct, d'Hercule sur les monstres.

La vérité, plus dure encore pour les hommes de la pensée qui croïent en elle et qui ne croient qu'en elle, mais incontestable cependant pour quiconque ne se laisse pas aveugler par une prévention idéale, c'est que *parfois* l'instinct, le mobile grossier d'un peuple a raison, bien que se trompant le plus souvent. — Quelquefois c'est d'un fait aveugle, brutal, sauvage fruit de l'instinct, que résultent des conséquences idéales rapidement obtenues et que la philosophie eut platoniquement mis des siècles à atteindre.

Qu'est-ce que la prise de la Bastille? — Qu'est-ce que le départ enthousiaste de la nation entière avec Napoléon, quand elle:

Jeta là son bonnet et devint vivandière
D'un capitaine de vingt ans,

allant sur les pas du plus effroyable despote qui se puisse imaginer, semer dans toute l'Europe, les principes de la Révolution Française? — Qu'est-ce encore que l'abandon complet, absolu de Napoléon en 1815, malgré la présence de l'Etranger sur le sol national? — Nous laissons de côté à dessein des faits plus récents et plus probants encore.

Ce sont là des mouvements instinctifs, produits souvent sous l'impulsion de fous en qui s'incarne cet instinct, mais qui répondent à un sentiment intime depuis long-temps muri à l'insu du plus grand nombre, révolutions qui dépassent souvent de bien loin dans la voie du progrès le but que la philosophie froide et calculatrice croit pouvoir indiquer comme extrême, contre lesquels elle proteste de prime abord, mais auxquels plus tard, à regarder l'histoire, elle est forcée de rendre justice.

La Vérité, dure celle-ci pour les démolâtres, qui veulent faire du peuple un Dieu et, comme Robespierre aux Jacobins, le déclarer infaillible, c'est que si l'instinct le conduit parfois dans la voie de la vérité et de la justice, la passion du moment le pousse souvent aux abîmes. — Que lui faut-il? Un événement inattendu et révoltant par sa nature, (1) une mesure bonne parfois, mais intempestive, prise par le gouvernement, un fait mal interprété, un bruit, une fausse nouvelle, moins encore, et il peut dans un moment d'égarement remettre pour longtemps les destinées de la nation aux mains d'incapables, d'arriérés, de reculeurs, qui hier, avaient toutes les antipathies, qui les auront encore demain.

(1) Est-ce que la découverte d'un complot, une tentative d'assassinat sur le souverain n'ont pas de tout temps été pour la police monarchique une machine de guerre, classique en quelque sorte par sa banalité, dont l'effet sur les élections est aussi infaillible que connu.

Supposez.....Mais pourquoi supposer? — Qu'avons-nous vu aux dernières élections générales, le 8 février? — Si la France était en ce moment-là Républicaine, Impérialiste ou Orléaniste, je n'en veux rien savoir, mais légitimiste et cléricale, non, — cent fois non; — toutes les fois que depuis la question a été clairement posée, elle l'a bien prouvé et le prouvera encore aux prochaines élections; — mais nous étions vaincus et vaincus grâce à des trahisons répétées, l'ineptie de ceux qui avaient signé la capitulation de Paris nous avait enlevé nos dernières ressources, avait en une heure, annihilé le résultat des efforts prodigieux de ce grand citoyen qui a nom Gambetta; le peuple effaré a nommé volontairement, d'un élan, sans pression aucune, une majorité composée de tous ceux qu'en temps normal, il considère avec raison comme ses pires ennemis: et depuis dix-huit mois nous nous débattons entre les mains de ces hobereaux monarchistes et cléricaux, sifflés et reniés du pays entier qui n'en renommera pas un sur dix; — depuis dix-huit mois, la France n'a pas fait, et ceci par leur faute, en dehors du travail personnel à la nation, un seul pas politique pour se relever; — si un heureux hasard ne nous avait donné et laissé un illustre vieillard de 75 ans, depuis quarante ans notre ennemi, à qui nous, républicains, nous avons donné notre confiance et notre appui, — Si M. Thiers était mort sur la brèche, — ou serait la

France? — Aux abîmes, — et cela, par le vote du peuple infaillible.

J'avais vingt ans quand j'ai vu le vote qui a fait l'Empire, depuis j'ai vu dix-huit ans de candidatures officielles et le plébiscite; — Non, en vérité, je n'ai jamais été partisan de la toute puissance sans frein ni contre-poids du suffrage universel direct; — jamais non plus, d'une seule Chambre souveraine et maitresse absolue, — mais si je l'avais été, le vote du huit février et l'Assemblée de Versailles auraient suffi à me guérir de ces deux erreurs.

V.

La conclusion des considérations que nous venons d'exposer, c'est qu'il faut absolument repousser une chambre unique nommée par le suffrage universel, et qu'il faut dans l'organisation du pouvoir central faire leur part à l'instinct et à la raison.

Ce qui nous amène au système qui nous reste à examiner, et qui a toutes nos sympathies, sous cette réserve toutefois qu'il soit organisé dans les conditions qui conviennent à notre temps à notre pays, — le système des trois pouvoirs.

Ce système a pour lui les deux grands arguments humains : le droit et le fait ; — la théorie et l'expérience.

Une Chambre élue par le peuple librement consulté, suivant sans entraves le grand courant du progrès qui l'entraine inconscient vers la justice, la vérité idéale, mais aussi livré a tous les tiraillements, à toutes les excitations des partis, à toutes les passions bonnes et mauvaises, à tous les engouements du jour, aux haines imméritées du moment, — Chambre représentant au plus haut degré les tendances, les passions, les volontés de la nation prise dans son ensemble, l'instinct populaire.

Elle jouerait le rôle que remplissent habituellement les assemblées de ce genre ; — voter les lois, et fournir les membres du pouvoir exécutif.

Une deuxième Chambre, Chambre haute, Conseil des anciens ; le nom de Sénat a été si bien avili par les deux empires, qu'en vérité on n'oserait l'offrir à une Assemblée honnête; le mot de Sénat implique d'ailleurs des attributions différentes de celles que nous croyons devoir donner à notre seconde Assemblée : — nommée tout autrement que la première, empruntant son autorité à un tout autre ordre d'idées, elle représenterait plus particulièrement la raison, la science, l'expérience.

Son rôle est de revoir, de discuter à son tour les lois provisoirement adoptées par le corps législatif, de les corriger, de leur enlever, s'il y a lieu, ce cachet passionné, actuel, qui tache souvent les lois émanées des assemblées nommées par le peuple, où les partis se trouvent à leur maximum de surexcitation : — C'est, je ne saurais mieux rendre ma pensée, ni trouver pour la désigner une dénomination plus juste, le Conseil d'Etat du peuple.

Deux pouvoirs, quels qu'ils soient, étant mis en présence, ils est inévitable qu'il s'élève entre eux des conflits ; — subordonner l'un à l'autre, c'est annihiler celui qui est subordonné ; — le juge souverain du conflit, celui à qui il faut toujours revenir en derniére analyse, c'est le corps social, — ce sont les associés dont les affaires sont en question, qui, selon la conclusion, vont se trouver en bénéfice ou en perte, auxquels, par conséquent, doit appartenir le dernier mot. — Mais, donner à l'un des pouvoirs le droit de faire appel au peuple, c'est encore annihiler l'autre ; — le leur donner à tous deux, c'est perpétuer le conflit, passer de l'agitation au désordre.

Il y a là une impasse dont l'issue est dans la création d'un troisième membre du Pouvoir, le Président de la République, nommé avant qu'aucun conflit ait pu s'élever, d'un commun accord par les deux Chambres, dont le rôle consiste habituellement à choisir, présider le Conseil des ministres, diriger par conséquent selon les vues de la majorité de la Chambre des députés, la politique générale du pays : — en cas de besoin il rompt par son intervention l'équilibre entre les deux Chambres, et provoque, s'il y a lieu, l'appel au peuple souverain et absolu, à ses risques et périls.

Cette combinaison des trois pouvoirs qui peut seule assurer la durée de la République, n'a pas, je le sais, l'assentiment de la plupart des républicains ; — presque tous semblent admettre que cette organisation est plus particulièrement propre à la monarchie : Cette manière de voir, dépend, comme du reste beaucoup d'autres opinions fausses qui gênent la marche naturelle en avant de l'idée républicaine, de ce que le parti républicain est composé surtout d'hommes de sentiment et non de logiciens ; — Or, la politique, n'en déplaise à certains, encore qu'elle doive tenir compte de tous les bons et nobles instincts de l'âme humaine comme pôles de direction, est avant tout, dans la pratique, une affaire de raisonnement et de logique rigoureuse ; — autant le sentiment est un guide sûr pour ceux qui, tout en en tenant compte, le dominent, — autant, bon comme mauvais, il est une cause d'aveuglement pour ceux qui se laissent dominer par lui ; — dans la question spéciale que nous agitons ici, le fantôme de la monarchie parlementaire les aveugle et les empêche de voir la République parlementaire ; — Trompés par ce fait que les monarchies modernes ont adopté ce système, ils oublient que les rois ont mis des milliers d'années à en venir là, ils ne savent pas comprendre que le fait par les rois de s'être, bien malgré eux, et non sans grommeler, pliés à cette organisme est une indication. — Si les rois ont fait ceci, c'est que c'était pour eux le seul moyen pour continuer d'être ; — acculés par l'esprit démocratique qui grandit tous les jours, ils nous donnent en ceci tout ce qui caractérise la République, ce qui constitue, ce qui est les institutions républicaines elles-mêmes, et nous demandent, pour grâce unique, de leur laisser la seule chose à laquelle ils tiennent réellement, l'hérédité de la liste civile.

La supériorité de ce système, sa connexion avec la République, nous paraît tellement évidente que nous n'insistons pas davantage ; — remarquons seulement qu'il a pour lui, comme nous l'avons dit plus haut, la meilleure des raisons, le fait, l'expérience ; — les deux seules Républiques qui marchent allègrement dans leur voie, sans secousse, la Suisse et la République des Etats-Unis, — les deux monarchies les plus libres, celles qui, au fond, sauf l'hérédité de la liste civile, sauf, si vous voulez, un zéro à effacer, sont des républiques, l'Angleterre et la Belgique; — les quatre pays du monde les plus tranquilles, les plus libres, les plus heureux, les plus riches ont adopté le système des trois pouvoirs. — En présence de ces quatre exemples, dans la situation politique et financière si délicate où se trouve la France en ce moment, il faut être bien fou pour avoir envie de se livrer à des expériences, pour rêver après les déchirements de la convention et l'expérience de 1848, une organisation dont aucun pays au monde n'a encore donné l'exemple avec quelques succès.

Pour moi, et puissé-je être entendu de tous mes coréligionaires politiques, dans la situation où se trouve actuellement la France à l'intérieur et à l'extérieur, fussé-je même convaincu que le système d'une Chambre unique est le meilleur, qu'il est l'idéal vers lequel les peuples tendent sans s'en douter, je me croirais obligé de donner à mon pays, si j'en étais le maître, l'organisation sure, éprouvée des Etats-Unis ou de la Belgique; je croirais devoir renvoyer un essai aussi dangeureux à l'époque, peu éloignée, j'espère, où, les esprits apaisés au dedans, la puissance reconquise au dehors,la France pourra redevenir ce qu'elle a toujours été jusqu'à ce jour, le grand et noble champ d'expérience où viennent s'essayer et s'affirmer toutes les idées de progrès, de liberté, de vérité et de justice.

VI.

L'Assemblée nationale est composée d'un certain nombre de représentants élus par le peuple, par les électeurs. — En quel nombre? — L'expérience à démontré que cinq cents membres peuvent s'entendre et discuter utilement, et que, au delà de ce nombre, il y a difficulté matérielle et confusion.

Pour combien de temps les députés seront-ils nommés ? — On a proposé un an : — ce terme est beaucoup trop court ; — d'abord parce qu'il faut trop souvent appeler les électeurs aux comices : — il ne faut pas oublier que nous avons aussi à nommer nos asemblées communales, cantonales, départementales: — tant que notre éducation politique ne sera pas plus avancée il ne faut pas risquer d'ennuyer les électeurs dont beaucoup déjà aujourd'hui ne vont voter que malgré eux; d'autre part, certaines questions demandent des enquêtes longues et laborieuses; — il arrive souvent qu'une chambre doit renvoyer la décision à plus tard pour supplément d'enquête ; — désorganiser les commissions quand leur enquête est à peu près faite, que la solution de la question posée est préparée, a évidemment de grands inconvénients ; — Six ans, terme adopté par l'empire qui voulait, et pour cause, éviter les élections trop fréquentes, est beaucoup trop long ; — Trois ans nous paraît un terme très-convenable.

Le renouvellement du Corps législatif peut avoir lieu en entier ou partiellement ; — les députés étant nommés par le peuple, par l'être ondoyant et divers, dont les tendances, les passions, les volontés varient avec une assez grande brusquerie, le renouvellement intégral peut n'être pas sans danger : — Ce serait une chose grave que le remplacement d'une Chambre par une autre ayant des tendances tout à fait opposées, ce qui pourrait fort bien arriver; le mieux est de ménager la transition en adoptant le renouvellement partiel : — le chiffre de trois ans nous fournit l'indication de la réélection par tiers ; — les éléments qui apportent avec eux l'idée nouvelle, arriveraient ainsi peu à peu : la transition serait ménagée, les secousses évitées, surtout si, comme c'est notre avis, au renouvellement partiel, vous joignez l'adoption, la régularisation du mandat contractuel, la révocabilité légalement organisée du député qui pour un motif ou pour un autre, cesse de se trouver d'accord avec les commettants.

Le renouvellement par tiers, tout en offrant à la Chambre un moyen de rénovation qui lui permet de se mettre toujours à l'unisson de l'opinion publique, lui assure en même temps un caractère de permanence et de perpétuité qui nous paraît devoir être recherché dans la constitution d'un élément gouvernemental.

—

La première Chambre, l'Assemblée nationale, puise son autorité dans l'élection par les associés, par tous ceux qui ont le droit d'intervenir pour leur part dans la direction des affaires : — Mais de cette origine, elle ne tire absolument aucune garantie de capacité, d'aptitude aux fonctions qui lui sont dévolues de légiférer, de gouverner; — c'est un fait incontesté que la moitié au moins des députés nouveaux, arrivent à la Chambre sans théories, sans études, sans réflexions politiques faites, et passent leur première année à se mettre au courant.

La deuxième Chambre doit combler cette lacune en empruntant nne autorité à son mode d'élection : — elle doit, avons-nous dit, être la réunion des hommes les plus éminents du pays dans toutes les manifestations de l'intelligence humaine : — elle doit représenter la raison, la science, l'expérience. — Voici comment, selon nous, elle devrait être composée.

Chaque département aurait, au Conseil d'État, un siège dont le titulaire serait nommé par le Conseil départemental. — Chaque région en aurait un également, dont la nomination serait dévolue au Conseil Régional.

Il serait attribué trois sièges à chacune des grandes catégories intellectuelles du pays, administratives ou non.

En voici une énumération à peu près complète :

(y compris l'Algérie.)

Départements		92	sièges.
Régions		20	—
Armée		3	—
Marine		3	—
Université		3	—
Magistrature		3	—
Barreau		3	—
Sciences	Médicales 1 Naturelles 1 Mathématiques 1	3	—
Lettres	Académie Française 1 Journalisme 1 Sciences morales et politiques 1	3	—
Beaux-Arts	Peinture 1 Sculpture 1 Musique 1	3	—
Voies de Communication	Chemins de fer 1 Postes 1 Télégraphes 1	3	—
Cultes	Catholique 1 Protestant 1 Israëlite 1	3	—

Quelques siéges attribués à l'Assemblée nationale, quelques uns laissés à la nomination du Conseil d'Etat lui-même donneraient un total général de cent soixante membres environ.

Ou nous nous trompons fort, ou cette assemblée pourrait être considérée comme l'élite de la nation.

Rien ne serait plus facile que d'organiser et de régulariser toutes les élections : — résoudre les points de détail ne saurait entrer dans cette étude essentiellement générale.

Les conseillers d'État seraient nommés pour dix ans : la premiére assemblée serait renouvelée par tiers de trois en trois ans ; à partir de la neuvième année les élections résultant soit de l'écoulement de la période décennale dévolue à chacun en son particulier, et les décès, assez fréquents en dix ans, dans une réunion de cent soixante hommes pour la plus part âgés, suffirait à entretenir un courant de renouvellement continuel ; — nous n'en aurions pas moins ici aussi un caractère marqué de permanence et de perpétuité.

Préciser les attributions du Conseil d'État n'entre pas dans notre plan.

Le Président de la République est nommé par les deux Chambres : — Il faut de toute nécessité qu'il puisse compter sur une majorité sérieuse à l'Assemblée nationale, et il est bon qu'il ait les sympathies du Conseil d'État ; — Il devra donc, pour être nommé, réunir les trois cinquièmes des voix à l'Assemblée nationale : — La majorité relative lui suffira au Conseil d'État.

Il est nommé pour trois ans, après chaque renouvellement par tiers, de la Chambre entière: — il est rééligible. — Il choisit les ministres dans la majorité de l'Assemblée nationale et préside le Conseil. — Il représente la France en tant qu'apparat, reçoit les ambassadeurs; il est le seul fonctionnaire en France qui soit tenu de donner des fêtes, soirées etc. le seul aussi qui reçoive des frais de représentation.

Dans le cas de conflit entre les deux Chambres, le Président de la République peut provoquer l'appel au peuple de trois manières ; — il propose un plébiscite, mauvais moyen, à éviter, mais qui peut avoir son utilité dans des cas exceptionnellement graves .— pour que le peuple soit appelé à un plébisciste il faut que les trois pouvoirs en soient d'accord, ainsi que sur la formule qui sera toujours rédigée en une seule phrase de manière à ce que la réponse soit *oui* ou *non*.

Le deuxième moyen qu'il est libre de prendre de sa propre autorité par un décret, est l'appel anticipé et immédiat aux électeurs pour l'élection du tiers à venir de l'Assemblée nationale, tiers qui ne serait régulièrement appelé à la réélection que dans quelques mois.

Le renouvellement partiel permettrait, on le comprend, dans le cas de conflit sur une loi ou une mesure non urgente, d'éviter l'appel au peuple ;

— on pourrait d'un commun accord attendre et ajourner la décision à quelques mois.

La dissolution de l'Assemblée entière peut être proposée par le Président de la République au Conseil d'Etat; — Elle doit être votée par les deux tiers des membres présents; — Dans le cas de vote défavorable du Conseil d'Etat, le Président est considéré comme démissionnaire.

VII.

Je lisais, ces jours-ci, non sans une profonde tristesse, la phrase suivante dans la RÉPUBLIQUE FRANÇAISE, journal honnête, sérieux s'il en fût, et qui peut être considéré comme le Moniteur Officiel du parti Républicain:

« Encore un conflit qui menace de s'élever en Angleterre entre les deux Chambres: — quel joli système que celui des trois pouvoirs! »

D'où il résulte que pour la RÉPULBIQUE FRANÇAISE, un conflit est une chose sinon redoutable, tout au moins dangereuse; — heureux! trois fois heureux ceux qui, même après l'expérience de ces deux dernières années, voient tout en rose, croient que la France leur enverra de suite et toujours une Assemblée franchement Républicaine et d'accord sur tous les points de doctrine et de pratique, qui ne sauraient prévoir les malheurs de si loin, et admettre la toute-puissance retombant entre les mains d'une majorité monarchico-cléricale, et tous les malheurs qui en pourraient résulter!

Simple paysan, je suis certes bien loin d'avoir la science, l'autorité des honorables rédacteurs qui dirigent cette feuille d'une manière si remarquable; — aussi n'est-ce pas sans hésitation que je me permets de n'être pas de leur avis.

Est-ce que par hasard comme les despotes et les poltrons, ils auraient pour idéal le silence et l'immobilité dans le pays; leur suffirait-il pour être satisfaits d'avoir changé le monarque despote en une assemblée despote?

Ce que nous voulons, nous, au contraire, c'est l'activité, le mouvement, car le mouvement c'est la vie; — les conflits entre les deux chambres sont l'un des principaux excitants de la vie du pays: un des éléments de cette activité politique incessante que les Anglais ont si bien nommée l'agitation, et dont ils savent si bien se servir.

Vous avez une seule chambre qui va voter une des lois les plus importantes pour le pays; — une loi sur l'armée, par exemple, comme ces jours derniers l'a fait l'Assemblée de Versailles: — Elle fait ce qu'elle veut, vote un an ou dix ans de service presque sans que le pays s'en doute: il a bien une discussion où protestent quelques députés de *l'opposition*: mais l'opposition proteste si souvent qu'on n'y fait pas attention : il y a quelques articles de journaux, mais de journaux de l'opposition seuls; car les autres, ceux de la majorité, les plus lus, les plus écoutés, remarquez-le bien, se pâment selon l'usage d'admiration; et on est habitué à ce que les journaux de l'opposition crient contre la majorité; — tout cela ne sort pas de ce qui se passe à propos de la loi la plus insignifiante; — et un beau jour la France se réveille avec une condamnation, (sans appel, s'il vous plaît) pour les pauvres à servir cinq ans effectivement pendant que les riches bourgeois s'en tireront avec leurs six mois de présence au corps, sauf pourtant les exceptions de service et les congés.

Si vous aviez eu un conseil d'Etat comme celui que nous demandons et qu'un conflit se fût élevé, ce qui est probable, voici ce qui se serait passé.

La loi votée provisoirement par l'Assemblée nationale, le Conseil d'Etat la discute à son tour et la déclare inacceptable; il la corrige et la renvoie à une nouvelle délibération ; — le corps législatif maintient sa loi ; — tentatives d'arrangement par commissions spéciales nommées des deux côtés ; — impossibilité de s'entendre; — entre temps, il s'écoule plusieurs jours pendant lesquels le pays tout entier, prévenu par les journaux, dresse l'oreille et commence à bourdonner comme une ruche qu'un bruit inaccoutumé avertit qu'un ennemi est là ; — comprenant que ce qui est en jeu est chose grave pour lui, sachant, car c'est là le point capital et sans lequel tous attendraient leur arrêt dans l'impuissance, sachant qu'il pourrait finir par être juge en dernier ressort, il se met au courant de la question, suit les discussions, pèse le pour et le contre, discute lui-même dans les cercles, les comités, les réunions provoquées par les citoyens les plus actifs ; s'apprête en un mot sur tous les points ; ce qui constitue cet état particulier que les Anglais nomment l'agitation, qui est la vie, et n'est nullement le désordre,

Qu'en ce moment le Président de la République, jusque-là témoin muet de la lutte, intervienne, et fasse appel au juge souverain, que les députés soient renvoyés devant leurs électeurs, ils les trouveront prêts à donner à chacun un vote de blâme ou d'approbation bien voulu, bien raisonné, portant sur un point précis et dont le sens est aussi bien net ; — s'il rentrent à l'Assemblée nationale, ils auront, grâce à un mandat formel, la certitude que les instructions nouvelles qu'ils apportent sont bien la volonté de leurs commettants.

Et ceci me semble bien préférable â l'état d'un peuple qui sort une fois tous les trois ans de sa léthargie pour se nommer un tuteur omnipotent entre les mains duquel il se remet à la grâce de Dieu,

Et puis, las de voter, succombant sous l'effort,
Soupire, étend les bras, ferme l'œil et s'endort.

Vous avez peur, Républicains, des conflits qui peuvent s'élever entre les deux chambres: — Si tu veux, O République! exaucer les vœux d'un de tes plus fervents serviteurs, donne-nous un gouvernement parlementaire, et surtout ménage-nous un bon gros conflit de temps en temps; et dans une dizaine d'années l'éducation politique de la France sera faite.

VIII

La composition du pouvoir exécutif resterait à peu de choses près la même.

Une conséquence forcée de l'organisation Régionale telle que vous l'avons proprosée serait la suppression du ministère des travaux publics: Le ministre de l'agriculture devrait également disparaître; — l'agriculture dans un pays aussi grand que la France, ou tout varie du Nord au Sud, de l'Est à l'Ouest, récoltes, mœurs, habitudes, méthodes, est une affaire essentiellement régionale ; elle n'a qu'une chose à demander au gouvernement, c'est de la laisser tranquille.

Un nouveau ministère devrait être créé sous le nom de ministère des Voies de communication; il embrasserait les postes, les télégraphes, et les chemins de fer (rachetés par l'État). — La dernière guerre a démontré qu'il y aurait tout bénéfice à avoir les trois services réunis dans la même main en temps de guerre, ce qui est surabondamment démontré depuis longtemps pour l'état de paix.

Le nom de Conseil d'État donné par nous à la Chambre haute, implique dans notre esprit la suppression du conseil d'Etat actuel, superfétation bonne sous la monarchie à fournir de grasses sinécures aux fils et cousins des ministres, mais qui nous coûte fort inutilement deux ou trois millions; — les attributions actuelles du conseil d'État seraient, selon leur nature, distribuées aux deux Chambres, aux tribunaux, aux administrations.

La cour des comptes, sauf erreur bien permise à un sauvage, nous paraît également demander un point d'interrogation. — Le procès Janvier de la Motte a démontré une fois de plus sa parfaite inutilité; — qu'une erreur d'addition de un centime soit commise sur un compte de sept à huit millions, la cour des comptes ne la laissera pas échapper; elle la relève, dépense pas mal d'argent en paperasses pour faire rentrer ce centime, je le veux bien; — mais que des mandats fictifs, (autant vaut dire des vols), de deux ou trois cent mille francs soient produits, si l'on a eu soin, et on sait si les voleurs prennent leurs précautions, de faire concorder les chiffres, de surveiller les opérations arithmétiques, la cour des comptes n'y voit que du feu. — Dès lors à quoi est-elle bonne? — La responsabilité du ministre des finances, une division spéciale au ministère avec responsabilité du chef de division et des chefs des bureaux; — division composée d'employés gagnant de 2 à 6000 fr. — et non de quinze à quatre vingts mille francs; — une commission permanente spéciale de l'Assemblée nationale brochant par dessus le tout, — c'est tout ce qu'il faut pour remplacer la cour des comptes: — total, une économie de un à deux millions au moins.

Entrer dans de plus grands détails ne saurait convenir à un ignorant des choses gouvernementales; ce que nous avons dit snffit à faire comprendre le plan général qu'il nous paraîtrait rationnel d'adopter pour organiser sérieusement la France Républicaine; au dehors duquel le maintien, l'établissement définitif de la République nous parait bien difficile.

IX.

Avant d'abandonner le terrain de l'organisation du pouvoir central, permets-moi, lecteur, de te soumettre une idée que je crois neuve, et, en tout cas, neuve ou non, digne de réflexion.

Tu as vu, comme moi, deux faits politiques qui ont dû te frapper. En 1866, après Sadowa, si inepte que fût notre gouvernement, il fallut bien se douter qu'en cas de guerre avec la Prusse nous n'étions pas organisés de manière à lutter sans désavantage, qu'une armée permanente, si bonne soit-elle, étant nécessairement restreinte, ne peut tenir tête à une nation qui se lève tout-entière et tout-entière militarisée. — Le maréchal Niel, un homme intelligent et honnête même, je crois, fourvoyé dans ce milieu malpropre sans doute par suite de cette idée absurde qu'un soldat ne doit pas avoir d'opinion politique, voulut emprunter à la Prusse une partie de son système et créer la garde nationale mobile comme réserve: — C'était selon nous, une bonne chose; un acheminement, une transition vers le service obligatoire pour tous, vers la nation armée. . .

L'organisation à peine commencée, le maréchal Niel meurt: — Il est remplacé par un lourdaud dont le premier soin est d'abandonner absolument, ou peu s'en faut, l'œuvre entreprise par son prédécesseur.

Si au lieu d'une foule confuse et indisciplinée de laboureurs nus et désarmés Gambetta avait trouvé des bataillons encadrés, armés et équipés, si peu exercés qu'on les veuille supposer, sâchant simplement se tenir dans le rang et manier leurs armes, il est inconstestable que la défense nationale eut pris une tout autre allure.

Le salut du pays a donc tenu en partie, a pu tenir, si l'on veut, à la continuation du ministére du maréchal Niel.

Ce qui s'est produit par la mort du maréchal Niel aurait, sous un régime parlementaire régulier, pu être normalement amené avec toutes ses conséquences désastreuses par un simple mouvement de majorité, amenant un changement de ministère.

Depuis tantôt deux ans, nous sommes gouvernés par le ministère le plus extra parlementaire qui se puisse imaginer, gauche, droite, centre, tout y est amalgamé, — Quelque part que vous veuilliez supposer la majorité, ce ministère n'est pas viable : — Mais M. Thiers était de première utilité, aussi bien pour le maintien de la République que pour l'Emprunt et l'évacuation du territoire ; — le pays sentait celà et l'appuyait de toutes ses forces : sous la pression de l'opinion publique,l'Assemblée a dû céder et malgré elle, respecter, neutraliser en quelque sorte le gouvernement anormal. — Qu'un coup de majorité eut renversé M. Thiers, nous toumbions probablement dans la guerre civile générale et, avec tous les éléments de salut, les évènements le prouvent bien, nous nous enfoncions de plus en plus dans l'abime.

De ces deux faits nous croyons pouvoir tirer la conclusion que voici :

Il est des cas exceptionnels dans lesquels il est bon qu'un homme auquel la réalisation d'une grande œuvre nationale est en quelque sorte attachée soit mis, je ne dis pas au-dessus, mais à côté de la fluctuation des partis.

Quand l'Angleterre, la France, la Prusse ont, à l'état de paix, reconnu avoir, chacune de son côté, un intérêt majeur à ce que, en cas de guerre, la Belgique, la Suisse ne prennent pas parti, que font-elles ? — d'un commun accord elles neutralisent ces pays.

Quand une œuvre de réorganisation complète serait mise en train sous la direction d'un ministre qui aurait fait de cette réforme l'objet des études de toute sa vie, en aurait provoqué le vote, qui seul peut-être est capable de mener l'entreprise à bonne fin ; — sur la demande du ministre appuyé du Gouvernement, les chambres peuvent déclarer tel ou tel ministère à l'état de neutralité pour un temps donné : pendant cette période, le ministre neutralisé n'a plus au conseil que voix consultative : il renonce à sa part d'influence, sur la politique intérieure du Gouvernement et se dégage par là de la responsabilité, — les ministres penvent changer autour de lui, le ministère tout entier peut-être renversé ; — il reste inébranlable dans son œuvre de reconstitution, et cesse en quelque sorte d'être un homme politique pour devenir exclusivement administrateur.

Ce serait là, selon nous, un excellent moyen d'éviter bien des travaux perdus, bien des dépenses inutiles, graves inconvénients des changements de ministère.

Oserons-nous maintenant, n'ayant jamais rempli aucune fonction administrative ou politique, donner notre avis sur les grandes questions qui s'agitent aujourd'hui et dont la solution dont tel ou tel sens doit avoir une si grande influence sur l'avenir de la France, instruction, armée, impôts. — Pourquoi pas ? — C'est affaire au public ; — s'il accueille favorablement cette première livraison, sous peu nous en publierons une seconde. — Sinon, comme le dit le bon Lafontaine,

Si de vous agréer je n'emporte le prix
J'aurai du moins l'honneur de l'avoir entrepris.

FRANCE RÉGIONALE. (1)

CHEFS-LIEUX.	DÉPARTEMENTS.	HABITANTS.	TOTAL HABITANTS.	Cantons.	Communes.
1 LILLE.	Nord	1,392,041	2,141,818	60	660
	Pas-de-Calais	749,777		43	903
				103	1563
2 ROUEN.	Oise	401,274	1,766,682	35	700
	Seine-Inférieure	792,768		51	756
	Somme	572,640		41	833
				127	2289
3 CAEN.	Calvados	474,909	1,831,261	37	765
	Manche	573,899		48	644
	Mayenne	367,855		27	274
	Orne	414,618		36	510
				148	2193
4 PARIS.	Seine	2,150,916	2,150,916	28	71
5 VERSAILLES.	Eure	394,467	1,573,347	36	700
	Eure-et-Loir	290,753		24	426
	Seine-et-Marne	354,400		29	528
	Seine-et-Oise	533,727		36	684
				125	2338
6 REIMS ou NANCY.	Marne	390,809	1,984,341	32	665
	Aisne	565,025		37	837
	Ardennes	326,864		31	478
	Meuse	301,653		28	587
	Meurthe et Moselle	400,000 (environ).		30	700
				158	3267
7 RENNES ou BREST.	Côtes-du-Nord	641,210	2,397,388	48	384
	Finistère	662,485		43	284
	Ille-et-Vilaine	592,609		43	350
	Morbihan	501,084		37	243
				171	1261

(1) D'après le recensement de 1866.

CHEFS-LIEUX.	DÉPARTEMENTS.	HABITANTS.	TOTAL HABITANTS.	Cantons.	Communes.
8 ANGERS ou NANTES.	Loire-Inférieure	598,598	1,999,015	45	213
	Maine-et-Loire	532,325		34	380
	Sarthe	463,619		33	386
	Vendée	404,473		30	298
				142	1277
9 ORLÉANS.	Cher	336,613	1,590,113	29	291
	Indre	277,860		23	245
	Loiret	357,110		31	349
	Loir-et-Cher	275,757		24	297
	Nièvre	342,773		25	312
				133	1494
10 DIJON ou TROYES.	Aube	261,951	2,311,174	26	446
	Côte-d'Or	382,762		36	717
	Doubs	298,072		27	639
	Haute-Marne	259,096		28	550
	Haute-Saône	317,706		28	583
	Vosges	418,998		30	548
	Yonne	372,589		37	483
				212	3966
11 TOURS ou POITIERS.	Charente	378,218	1,840,652	29	427
	Charente-Inférieure	479,559		40	479
	Deux-Sèvres	333,155		31	356
	Indre-et-Loire	325,193		24	281
	Vienne	324,527		31	296
				155	1758
12 LIMOGES ou CLERMONT.	Allier	376,164	2,385,704	28	317
	Cantal	237,994		23	260
	Corrèze	310,843		29	286
	Creuse	274,057		25	261
	Lot	288,919		29	318
	Puy-de-Dôme	571,690		50	444
	Haute-Vienne	326,037		27	200
				211	2086
13 LYON.	Loire	537,108	2,128,423	30	323
	Haute-Loire	312,661		28	262
	Rhône	678,648		28	259
	Saône-et-Loire	600,006		48	585
				134	1429

CHEFS-LIEUX.	DÉPARTEMENTS.	HABITANTS.	TOTAL HABITANTS.	Cantons.	Communes.
14 GRENOBLE.	Ain	371,643	2,019,024	35	450
	Isère	581,386		45	552
	Hautes-Alpes	122,117		24	189
	Jura	298,477		32	583
	Savoie	271,663		29	326
	Haute-Savoie	373,738		28	310
				193	2410
15 BORDEAUX.	Dordogne	502,673	2,275,669	47	582
	Gironde	701,855		48	549
	Landes	306,693		28	330
	Lot-et-Garonne	327,962		35	316
	Basses-Pyrénées	435,486		40	559
				198	2336
16 TOULOUSE.	Ariège	250,436	1.864,739	20	335
	Gers	295,692		29	466
	Haute-Garonne	493,777		39	578
	Hautes-Pyrénées	240,252		26	480
	Tarn	355,613		35	316
	Tarn-et-Garonne	228,969		24	194
				173	2369
17 MONTPELLIER ou NIMES.	Ardèche	387,174	2,259,615	31	339
	Aude	288,626		31	435
	Aveyron	400,070		42	285
	Gard	429,747		39	345
	Hérault	427,245		36	332
	Lozère	137,263		24	193
	Pyrénées-Orientales	189,490		17	231
				220	2260
18 MARSEILLE.	Alpes-Maritimes	198,818	2,048,454	25	146
	Basses-Alpes	143,000		30	251
	Bouches-du-Rhône	547,903		27	107
	Corse	259,861		62	362
	Drôme	324,231		29	367
	Vaucluse	266,091		22	149
	Var	308,550		27	144
				222	1526

CHEFS-LIEUX.	DÉPARTEMENTS.	HABITANTS.	TOTAL HABITANTS.	Cantons.	Communes.
19 STRASBOURG.	Moselle	452,157	1,571,412	27	629
	Bas-Rhin	588,970		33	541
	Haut-Rhin	530,285		30	490
				90	1660
20 ALGER.	Alger	200,060	486,272	10	»
	Constantine	139,910		17	»
	Oran	146,302		7	»
				34	»

Dans le cas fort probable où cette division ne te conviendrait pas, je te demande, ami lecteur, trois choses : 1o de considérer les éléments dont on peut disposer : ainsi le département du Nord a 1,392,041 habitants : celui des Hautes-Alpes en a 122,117. — Le département des Bouches-du-Rhône avec 547,903 habitants est divisé en 27 cantons et 107 communes : tandis que celui des Basses-Alpes avec 143,000 habitants donne 30 cantons et 251 communes : — 2° d'admettre qu'avec des données aussi extraordinaires, il est difficile d'arriver à un résultat parfait :—3° enfin je recommande d'essayer de faire mieux : — Si tu réussis, ce qui est fort possible en augmentant un peu le nombre des Régions, fais comme ton serviteur part à tes concitoyens du résultat de ton travail; — que si, n'aboutissant pas au gré de tes désirs, tu jettes ta langue aux Bonapartistes, c'est aux chiens que je veux dire, — que Dieu te tienne en joie et que tes voisins te pardonnent, car il est écrit :

Paix sur la terre aux hommes de bonne volonté.

POST-FACE.

Cette brochure devait paraître il y a déjà quelques mois ; des circonstances indépendantes de ma volonté en ont retardé la publication ; — je comptais, quand j'ai envoyé le manuscrit à l'impression, qu'elle verrait le jour en janvier et trouverait *à Paris* une chambre constituante ; — les retards infinis de mon imprimeur n'ont pu égaler la ténacité de l'Assemblée de Versailles ; — exposé par là à une fausse interprétation de mon travail, je crois devoir ajouter quelques mots explicatifs.

Je demande, avec les neuf dixièmes des Français, que l'Assemblée de Versailles soit immédiatement dissoute et remplacée par une Chambre *unique*, nommée avec mandat spécial, ayant mission d'instituer les rouages administratifs et politiques de la République francaise, et, sinon de faire les lois organiques, du moins de graver en une courte constitution les principes primordiaux dont ces lois ne doivent être que le développement.

Je proteste de toute mon énergie contre toute création d'une seconde chambre par l'Assemblée actuelle, d'abord parce qu'elle n'a aucun droit constituant, puis parce qu'elle n'a absolument pas la moindre intelligence de la Société future, qu'elle est absolument incapable de concevoir une seconde Chambre autrement que fondée sur un principe aristocratique quelconque, naissance, fortune ou situation administrative, peu importe.

Je demande instamment à la future constituante d'instituer deux chambres, mais en donnant à la seconde un caractère particulier que je crois avoir suffisamment indiqué, — en la réduisant à un rôle habituellement consultatif, et ne lui laissant de rôle politique que le strict nécessaire, en cas de conflit, et purement suspensif.

Je demande encore et surtout, car le reste en découlerait par surcroît peu à peu, une large décentralisation administrative ayant pour base le *canton*, — sans laquelle on peut fonder, mais non faire durer une République, organiser même peut-être une démocratie urbaine et en un sens privilégiée, mais non la *Démocratie Française*; — car j'insiste sur ce point et recommande de nouveau ces chiffres aux politiciens urbains appelés à nous constituer.

Il y a à peine en France 400 villes de plus de 3,000 âmes ; — il y a par contre 36,337 communes rurales, de moins de 2,000 habitants.

13,220,632 habitants, plus du tiers des Français, sont fournis par 28,255 communes de *moins de* 1,000 *habitants*.

Or, qu'on ne s'y trompe pas, si les citoyens des villes font la République, les électeurs des campagnes la défont, et la déferont toujours, tant qu'on ne les aura pas initiés à la vie publique, ce qui n'est possible qu'en mettant la vie publique sous toutes ses formes à leur portée, c'est-à-dire au *canton*.

Que ceux qui ont des oreilles pour entendre, entendent, Et choisissent, — car ceci est un ultimatum :

Ou la décentralisation et la démocratie française, donnant à tous, ruraux comme urbains, leurs droits légitimes, leur part légitime d'action sur les affaires locales et générales, entraînant la République définitive avec toutes ses conséquences.

Ou la centralisation et la démocratie urbaine seulement, voulant se réserver toute puissance, déniant à l'égal de la monarchie leurs droits aux citoyens et aux groupes ruraux qui ont, à tout prendre, la puissance, ayant le nombre, — d'où résultera fatalement l'antagonisme monstrueux des deux puissances, et par conséquent, dans l'avenir comme dans le passé, l'action en avant toujours renouvelée par les villes, c'est-à-dire les Révolutions, et la Réaction à perpétuité par les campagnes, avec son funèbre cortège périodique de guerres civiles, de fusillades et de transportations.

Lavergne, 18 mai 1873.

TABLE DES MATIÈRES.

POUVOIR CENTRAL.

Amiens. — Imprimerie ALFRED CARON FILS, rue de Beauvais, 42.

www.ingramcontent.com/pod-product-compliance
Ingram Content Group UK Ltd.
Pitfield, Milton Keynes, MK11 3LW, UK
UKHW012036240726
13965UKWH00003B/827

9 782012 995925